© Jennifer Sloan

Carol Staudacher es consultora de dolientes y conferencista. También es autora de *Beyond Grief* y *Men and Grief*.

Tiempo de Duelo

Pensamientos para Consolarse Ante la Pérdida de un Ser Querido

CAROL STAUDACHER

Traducido del inglés por Ana del Corral

rayo *Una rama de* HarperCollins*Publishers*

En agradecimiento por conceder permiso para reimprimir lo siguiente:

Citas de Nancy Hale, Doris Lessing, Vera Randal y la Dra. Joyce Brothers de *The New Quotable Woman*, por Elaine Partnow. Copyright © 1982 por Elaine Partnow. Reimpreso con el permiso de Facts On File, Inc., New York.

Citas de Mignon McLaughlin, Linda Hogan y Anaïs Nin de *Write to the Heart*, por Amber Coverdale Sumrall. Publicado por The Crossing Press, Freedom, California. Copyright © 1992 por Amber Coverdale Sumrall. Reimpreso con su permiso.

Los libros de HarperCollins pueden ser adquiridos para uso educacional, comercial o promocional. Para recibir más información, diríjase a: Special Markets Department, HarperCollins Publishers, 10 East 53rd Street, New York, NY 10022.

Diseño del libro por Ralph Fowler

Este libro fue publicado originalmente en inglés en 1994 en los Estados Unidos por HarperCollins Publishers.

PRIMERA EDICIÓN RAYO, 2006

Library of Congress ha catalogado la edición en inglés.

ISBN-13: 978-0-06-084542-1
ISBN-10: 0-06-084542-2

06 07 08 09 10 DIX/RRD 10 9 8 7 6 5 4 3 2 1

En memoria de mi
segunda madre y mi segundo padre

Erma M. Crandall y
Robert S. Crandall,

quienes fallecieron mientras escribía
este libro.

Este libro es para todos los dolientes de la pérdida de un ser amado, y para aquellos cuyos seres queridos fallecieron hace tiempo, pero que no se han concedido un tiempo de duelo.

Agradecimientos

Tiempo de Duelo no se habría podido escribir sin las sinceras aportaciones de muchas personas que perdieron a alguien, cuyos pensamientos, emociones y necesidades se ven reflejados en estas páginas. Estas personas participaron en entrevistas prolongadas y profundas en las que se exploraba los diversos aspectos de su proceso de duelo, y en las que se indagaba sobre los aspectos más personales y cruciales de su pérdida. Para el éxito de estas meditaciones fue absolutamente esencial su comprensión de la importancia de la experiencia compartida y su respuesta sincera y generosa. Aunque yo orientaba mis esfuerzos a obtener el material más efectivo e importante que me fuera posible, me sentí siempre orientada por la honestidad y sabiduría de sus voces.

Mi editora, Caroline Pincus, quien le puso el título al libro, apoyó con resolución *Tiempo de Duelo* a lo largo de todo su desarrollo. Se interesó y fue especialmente receptiva hacia mis observaciones editoriales y personales, proporcionando sus propias observaciones de manera inmediata y concienzuda. En especial, aprecio la calidez y comprensión de Caroline, así como su genuino interés en los sobrevivientes que serán los lectores de este libro.

La editora de producción, Jennifer Boynton, la directora de arte y diseñadora de la portada, Michele Wetherbee, el diseñador del libro, Ralph Fowler, y la revisora Susan Stone, todos mejoraron la calidad del trabajo, haciendo posible la producción de un libro que va más allá de su propósito inicial.

Le estoy muy agradecida a mi colega y amigo, el escritor Steve Turner, quien proporcionó varias citas, leyó todo el manuscrito e intervino generosamente para proporcionar asistencia editorial crucial mientras que yo me enfrentaba primero a la enfermedad terminal y luego al fallecimiento de mi padre adoptivo. La valiosa ayuda de Steve y el ánimo que me dio durante la última fase del desarrollo del libro hicieron posible que yo terminara el proceso de edición con renovada claridad y energía.

Otra amiga y escritora, Debbie Shayne, recopiló varias citas valiosas y estuvo siempre disponible para proporcionar ayuda práctica.

Howard Slatoff, profesor emérito de la California State University, en Hayward, un viejo colega y amigo, proporcionó apoyo y entusiasmo ilimitados por el libro, desde su concepción hasta su terminación.

Y finalmente, mi hija, Susan Staudacher Becker y Dean, su esposo, estuvieron, como siempre, a mi lado con manifiesto interés, preocupación y amor.

Introducción

El fallecimiento de un ser querido es, para casi todas las personas, la experiencia emocional más profunda que deberán soportar. Afrontar el duelo profundo y prolongado que sigue a una pérdida así, puede ser el más doloroso y perturbador reto de toda la vida.

Este libro lo acompaña a lo largo de este difícil período. Las meditaciones que encontrará en estas páginas abordan las preocupaciones de los sobrevivientes. Estas meditaciones, escritas para conectarse con usted en cualquier punto en que se encuentre en su proceso de duelo, son apropiadas *independientemente de cuándo falleció el ser amado*. Si usted todavía siente los efectos de la pérdida, si todavía experimenta sentimientos de tristeza, culpa, añoranza, ira, confusión, miedo o cualquiera de las otras respuestas relacionadas con el duelo, encontrará en este libro meditaciones que abordan directamente su experiencia.

Cada página se inicia con una cita de un sobreviviente que al igual que usted tuvo que enfrentar la pérdida de un ser amado.

Encontrará que estas respuestas de dolientes son idénticas a las suyas, pues aunque cada muerte tiene sus propias características y cada sobreviviente sus propias circunstancias y reacciones que afrontar, también hay muchas respuestas al dolor que son comunes a todas las pérdidas.

Es muy probable que se identifique más con algunas de las aseveraciones de los sobrevivientes que con otras. Quizás sienta que usted mismo pudo haber escrito algunas de las frases. Por ejemplo, a lo mejor se sienta identificado con la maestra y madre que, desesperada, dijo: "Desde la muerte, todo mi mundo se derrumbó." Posiblemente usted se haga las mismas preguntas formuladas por el viudo de mediana edad cuya esposa falleció de cáncer: "¿Cuándo se acabará por fin este dolor? ¿Cuánto tiempo dura la pena?"

Desafortunadamente, la pena no tiene un cronograma establecido. No hay fechas límite para la resolución de la pérdida. Más bien, el proceso de duelo consta de tres fases amplias y que se superponen: el *Retraimiento,* la *Adaptación* y la *Resolución.*

En el *Retraimiento,* la primera fase que se da inmediatamente después de la pérdida del ser amado, vivimos una sensación de incredulidad, conmoción, confusión y desorientación, así como otra serie de reacciones.

En la segunda fase, la Adaptación, experimentamos el impacto pleno de la muerte del ser amado. Descubrimos que necesitamos enfrentarnos, de manera cotidiana, a muchos sentimientos, reacciones y condiciones que nunca habríamos creído posibles. Nuestras vidas empiezan a sufrir cambios a medida que tratamos de confrontar todo lo que la pérdida significa y todo lo que nos hace *sentir, pensar* y *hacer.* Esta es la fase más crucial del proceso de duelo, durante la cual es necesario expresar y liberar los sentimientos y las respuestas. Contamos las mismas historias una y otra vez. Nos hacemos las mismas preguntas una y otra vez. Nos enfrentamos a la añoranza noche tras noche y día tras día. Y a medida que sentimos repetidamente las mismas emociones y condiciones, necesitamos también hablar sobre estas. Durante este tiempo, es bueno buscar el apoyo de otras personas y aceptarlo.

En la fase final, la *Resolución,* somos capaces de integrar la pérdida a nuestra vida. Empezamos a darnos cuenta de que seguiremos hacia delante, proseguiremos con la vida. Tenemos días de esperanza—incluso días de emoción y placer. Esto no significa que ya *no nos importe* o que *hayamos olvidado* a nuestros seres amados. Sencillamente significa que hemos hecho el proceso de reconocer la pérdida, liberar el dolor, expresar la tristeza, el desconsuelo y la añoranza, y toda esa miríada de sentimientos que se derivan de la condición de sobreviviente. Cuando el recuerdo del ser amado se convierte en parte de la vida que continúa, ese recuerdo nos sostendrá. En palabras de un doliente que había perdido a su esposa: "Lo que siento ahora, más que nada, es gratitud, una gratitud enorme y abrumadora de que alguien como ella hubiera sido parte de mi vida. Después del dolor y el duelo, la gratitud me inspira todos los días y me da energía para reingresar al mundo."

Los sobrevivientes cuyas voces proporcionaron la inspiración para estas páginas son personas que perdieron cónyuges, hijos, padres, hermanos y hermanas, amigos y amigas o a su pareja. Estos seres amados fallecieron como resultado de enfermedades, accidentes, suicidio o asesinato. Estos dolientes representan una gran variedad de edades e historias personales, religiones, origen étnico y oficios. Pero todos tuvieron una experiencia en común: una sensación de profunda pérdida tras la muerte del ser amado.

Es mi deseo que usted derive fortaleza de sus testimonios y de las meditaciones que los acompañan. Y a medida que lea, ojalá pueda hacer acopio de esperanza, encontrar valor para expresar sus pensamientos y sentimientos, perseverar a lo largo del proceso de liberar la pena y finalmente hallar la liberación del dolor emocional.

Cómo utilizar *Tiempo de Duelo*

Este libro está dividido en tres secciones que corresponden a las tres etapas amplias y fluidas del duelo. *Retraimiento, Adaptación* y *Resolución.* Las meditaciones de cada sección presentan una amplia variedad de expresiones de sobrevivientes y una extensa gama de temas. Aunque los temas están organizados para corresponder con las fases del duelo en la cual es más probable que se presenten, las meditaciones no se escribieron para ser leídas en un orden específico. Es decir, no es el tipo de libro que deba leerse progresivamente, de principio a fin. Para encontrar su punto de partida, puede buscar el tema en el índice o simplemente dar un vistazo a las citas de los sobrevivientes al inicio de cada página hasta que encuentre la que le significa algo.

Quizás un día se encuentre atraído por cierto tema que se corresponde con sus necesidades, mientras que al siguiente se descubre mejor conectando con otro tema en una sección diferente. Encontrará que lo más gratificante es seleccionar las meditaciones que reflejan sus sentimientos con mayor precisión en un determinado día. Este libro está diseñado para que lo utilice como más se ajuste a sus sentimientos, estados de ánimo, deseos, sueños y preocupaciones.

La meta de *Tiempo de Duelo* es prestarle asistencia, ofrecerle compañía, a medida que usted recorre el camino difícil pero necesario y enriquecedor que va desde enfrentar la pérdida hasta sanar.

UNO

Retraimiento

Necesito conservar la claridad mental y simplemente pensar detenidamente en esto.

Todos los grandes descubrimientos son hechos por [personas] cuyos sentimientos se adelantan a sus pensamientos.

C. H. PARKHURST

Algunos sobrevivientes tratan de salir de la pena pensando en lo sucedido. Eso no funciona. La pena y el duelo son un proceso de liberación, de descubrimiento y de sanación. No podemos ni liberarnos, ni descubrirnos, ni sanarnos tan sólo mediante el uso de la mente. Es el corazón el que nos duele cuando fallece un ser amado. Son nuestras emociones las que se afectan más drásticamente. Es cierto que la mente sufre, recuerda, conspira, planea y desea, pero es el corazón el que abrirá a fuego un camino por entre el brazal del duelo.

El dolor es un proceso de descubrimiento. Me abriré a lo que descubran mi corazón y mi mente. La pena es un camino de sanación, y yo confiaré en que mi corazón dirija a mi cabeza en ese recorrido.

Temo dar rienda suelta a mis sentimientos, hacer el duelo. No sé qué me ocurrirá.

El duelo es en sí mismo un remedio.

WILLIAM COWPER

Cuando sufrimos cualquier golpe, necesitamos recuperarnos, sanar. El duelo es una forma de sanar después de una pérdida. Cuando sentimos emociones o impulsos profundos y poderosos, es necesario que los aceptemos, a sabiendas de que no nos harán daño. No nos haremos daño ni nos desintegraremos por permitirnos sentir y actuar en la forma que nos dictan nuestros instintos más genuinos. No podemos constantemente retener lo que de verdad sentimos, ni alejarlo, ni censurarlo. El miedo a hacer el duelo no nos lleva a ninguna parte. Tratándose del dolor, el camino de vuelta es el camino que lo atraviesa.

Aunque mis sentimientos son turbulentos, y en ocasiones me consumen, no debo temerles. Hacer el duelo por el ser amado a la larga me permitirá sanar. Al hablar cuando necesito hablar o actuar cuando necesito actuar, contribuyo a mi propia recuperación, a la resolución de mi dolorosa pérdida. Este tipo de resolución no significa que ya no tendré un vínculo con el ser amado; sólo significa que habré empezado a ver cómo mi vida puede continuar desarrollándose.

Desde la muerte, todo mi mundo se derrumbó.

Algo hay en la agonía del cambio
Que es más grande de lo que soporta el corazón
La desdicha recordando la dicha.

EURÍPIDES

Cuando perdemos a un ser amado, casi todo en nuestro interior y en derredor parece cambiar en el instante de la muerte. Seguramente nos sentiremos aislados. Quizás sintamos, también, que el mundo es un lugar vasto, confuso y caótico.

Añoramos gozar aunque sea de algunos momentos en compañía del ser amado. Reflexionamos sobre la felicidad que esa persona trajo a nuestra vida. Nada tiene sentido en ese momento para nosotros más allá de esa relación única y decisiva que atesorábamos, y que ahora ya no existe. Consumidos por la pérdida devastadora y por nuestra añoranza, nos percibimos a nosotros mismos y al mundo de una manera muy diferente a la de antes. Pensamos que a partir de ese momento el mundo nunca será igual. Y en un sentido muy real, nuestro mundo cambia cuando fallece el ser amado porque cada persona que amamos conforma un trozo precioso y vital de nuestro mundo. En momentos tan difíciles, tenemos que tener paciencia con el caos que soportamos en nuestro interior y a nuestro alrededor. Debemos tener fe en que disminuirá segura y gradualmente.

Los pedazos de mi mundo destrazado volverán a unirse lentamente—no como estaban antes de la muerte del ser amado—sino de una forma que me permitirá vivir en paz, sin este torbellino emocional permanente, para vivir sin sufrir a diario.

Todo es un desastre, y es por mi culpa.

Cuando uno no hace nada, uno se cree responsable por todo.
JEAN-PAUL SARTRE

En el caos que sigue a una muerte, es fácil quedarnos inactivos o retraídos. Quizás seamos incapaces de dar voz a nuestras opiniones o expresar nuestras preocupaciones. Posiblemente nos retiremos a un rincón de la habitación y observemos la frenética actividad de los demás. O quizás nos sentemos en medio del grupo de dolientes y no hagamos ni digamos nada. Probablemente, nuestros esfuerzos por conversar o actuar serán mínimos durante los primeros meses después del fallecimiento. Nos limitamos a vivir otro día como sea posible.

No obstante, participemos o no en la vida, ésta continúa su curso. Y, queramos o no, todas las repercusiones de la cotidianidad de la vida invaden nuestro mundo. Sentimos la responsabilidad de hacer muchas cosas, pero en realidad no hacemos nada. A veces es como si hubiéramos creado un gran vacío del que se originan todos los errores y fallas de criterio.

Desde luego, nuestra inactividad no es la fuerza motora de la discordia, la confusión y los errores que nos rodean. Aunque nos hayamos retirado y no estemos haciendo nada, eso no nos hace responsables de todo—ni ahora ni en ninguna otra ocasión.

Como me he retraído temporalmente de la vida que continúa a mi alrededor, me siento personalmente responsable por todo lo que no marcha bien o que no resulta como debiera. Siento que habría podido arreglarlo todo si tan solo hubiera participado. Necesito prescindir de estos sentimientos. No reflejan con precisión lo que realmente está ocurriendo. La muerte genera caos, independientemente de lo que yo haga o deje de hacer. No es realista de mi parte pensar que soy responsable por todo y todos los que me rodean.

No puedo enfrentarlo en este momento. Es demasiado para mí.

Negar la realidad es solo un modo de lidiar con la ansiedad.
ANÓNIMO

Es natural hacer caso omiso de la muerte cuando acaba de ocurrir, posiblemente hasta el punto de negar que el ser amado ha muerto. Nos enteramos de la muerte, o la vemos, y luego parte de nosotros se cierra.

Existe una explicación: ocurre porque no podemos tolerar la idea de que el ser amado ya no esté con nosotros, que ya no esté disponible. No podemos tolerar lo que esta muerte nos hará sentir. No podemos considerar el impacto que la muerte tendrá sobre nuestras vidas. No podemos plenamente aceptar toda esa información de una vez.

Este tipo de reacciones son la forma en que la naturaleza nos protege cuando precisamos de esa protección. Negamos la realidad total de la muerte y la dejamos entrar parcial y gradualmente, en cantidades que podemos enfrentar y procesar. Es como si el corazón y la mente tuvieran un límite de dolor emocional, y eso es lo que nos permitimos durante un día o una hora. Cuando ya podemos enfrentarlo, establecemos contacto con la realidad de la muerte; consideramos sus diversos aspectos y la forma en que nos afecta y nos concierne directamente. Sentimos el dolor necesario.

Soy incapaz en este momento de enfrentarme a esta muerte. No me obligaré. Más bien, me daré un tiempo para acostumbrarme poco a poco al impacto que he sufrido. Seré bondadoso conmigo mismo y confiaré en que yo mismo sabré incorporar a un ritmo tolerable la realidad de esta pérdida.

La muerte era algo que les ocurría a otras personas. No iba a ocurrirle a ninguno de mis seres amados.

Aprendí desde muy temprano a tener siempre a la muerte en la mira, a mantenerla bajo vigilancia, mantenerla en los claros del bosque y lejos de los matorrales donde pudiera agazaparse.

JOAN DIDION

Hasta que la muerte no entra en nuestras vidas y se lleva a un ser amado casi todos pensamos que es algo que les ocurre a los demás. No la consideramos como algo inevitable, sino como una aberración. Si tenemos pensamientos sobre la muerte, rápidamente los reprimimos. La muerte, pensamos, no tiene nada en absoluto que ver con nosotros, con nuestra vida, con la vida de las personas más cercanas a nuestro corazón.

Debido a esta forma de pensar, el penoso hecho de que una muerte ocurra en nuestra vida es casi inconcebible. Nos cuesta mucho trabajo aceptar la realidad de la situación. Nos sentimos alienados de lo que siempre hemos creído que es verdad. Como nuestra vida ha sido alterada de manera rápida y drástica, asimilamos con gran lentitud ese cambio. Así debería ser. Poco a poco, no de una vez, llegamos a comprender lo que nos ha ocurrido. Sería imposible comprender totalmente en un momento lo que la muerte representa para nosotros. Gradualmente atravesamos tiempo extraño y difícil. Aunque supiéramos que el ser amado moriría de una enfermedad terminal, el carácter definitivo de la muerte no es algo que podamos dejar entrar plenamente y de inmediato a la conciencia.

Mi mente tratará de rechazar la realidad de lo que me ha ocurrido. Me enfrentaré a la muerte tratando de imaginar que no ha suce-

dido o negándola, pero regresará una y otra vez. Todo esto forma parte del proceso de la pérdida. Es la parte que trata de evitar que sienta el dolor, que se aferra a las cosas como eran, en lugar de mirar las cosas como son. Tendré estos vaivenes entre lo que ocurrió y lo que yo quisiera que fuera verdad. Al cabo de un tiempo, poco a poco, empezaré el proceso de aceptación, pero no tengo que hacerlo enseguida. Puedo darme tiempo.

Me despierto en la mañana y todavía siento como si estuviera en medio de una pesadilla. No puedo creer que esto me haya ocurrido.

Cuando creer es doloroso, tardamos en creer.
OVIDIO

La incredulidad tarda un tiempo considerable en disolverse. Hasta que sucede, es como si miráramos todo a través de velos. Lo que vemos no es lo que se percibe con el verdadero sentido de la vista. Los sonidos y las palabras que se filtran y llegan hasta nosotros no son producto de nuestro verdadero sentido del oído. Las habitaciones por las cuales desplazamos el cuerpo son habitaciones ajenas y el mundo mismo es un lugar extraño con características de otro mundo.

Estas cosas ocurren porque algún mecanismo interno de protección nos resguarda constantemente. Cuando estamos bajo su influencia generalmente no nos importa tener opacada la visión o distorsionadas las percepciones. Nos sentimos desligados: sentimos a cada paso una gran incredulidad. Nos despertamos cada mañana para descubrir que ese extraño sentimiento todavía nos acompaña, y es apenas una voz tenue la que nos dice: "Esto terrible que te ocurrió es real. No es inventado. No es parte de la imaginación de otros. No es un error." El doloroso proceso de recobrar la claridad y una sensación de realidad puede tardar meses.

Es muy difícil acostumbrarse al impacto que sentimos cuando el hecho real de la muerte del ser amado se hace dolorosamente evidente. Así que cuando vemos algo o escuchamos algo, cuando descubrimos que su silla, o su habitación, están vacías, o cuando respondemos una llamada telefónica y es alguien que pregunta por ella, debemos dedicar un instante a suavizar el golpe, para permitirnos hacer una pausa y tomar aire mientras superamos el golpe.

Cuando sienta el golpe demoledor de incredulidad, me iré a un lugar donde me sienta cómodo y descansaré un momento o daré una corta caminada hasta que se disipe la conmoción. Reconoceré que estas pequeñas conmociones ocurrirán una y otra vez, pero que a la larga llegarán para mí días en que no ocurrirán. Cuando ocurran ahora, permitiré un "amoroso titubeo" en mi vida—una pausa que me permita hacer acopio de mi energía física y emocional—para poder enfrentarme al menos a algunas de las exigencias mínimas del día. No trataré de enfrentarme a las grandes, tan solo a aquellas que son lo suficientemente pequeñas para poder afrontarlas.

¿Qué significa todo esto? ¿Por qué tengo que vivir esto?

Entre la pena y la nada, me quedo con la pena.
WILLIAM FAULKNER

A veces es bueno recordar que la razón por la cual nos duele la muerte de un ser amado es sencillamente porque tuvimos la capacidad de amar. Si nunca sintiéramos amor, entonces no tendríamos un apego lo suficientemente fuerte o profundo como para causar emociones desagradables. Por esta razón podemos aceptar la pena como un testimonio de nuestra capacidad de establecer un vínculo con otra persona y de amarla. Significa que tenemos la capacidad de acercarnos a otro, de sentir afecto, de dedicar una parte de nuestras energías y emociones a otro. Son esas mismas emociones y energías las que ahora nos causan dolor, las que llegan en tropel al vacío que dejó la muerte del ser amado.

Mi pena es una pesada carga, pero es una carga que comprueba una relación de amor. Recordaré, mientras siento nostalgia por el ser amado y experimento todas las emociones que componen mi pena, que representa algo muy importante en mi vida. Atestigua mi capacidad de cuidar y amar a otro.

El mundo parece ahora tan vacío, como si no hubiera nadie en él.

A veces, cuando falta una persona,
el mundo entero parece despoblado.
LAMARTINE

El ser amado que murió llenaba nuestro mundo. Nos sentíamos contentos de estar con esa persona. Había otros alrededor y les teníamos cariño, pero el ser amado era el centro del universo. Y cuando ese centro desapareció, todo lo demás se desvaneció. Ahora las otras personas que vemos y escuchamos tienen poco o ningún efecto sobre nosotros. Añoramos únicamente el regreso del ser amado, que esté vivo en el mundo con nosotros.

La muerte del ser amado, sentimos, ha mermado al mundo mismo. Hay personas a nuestro alrededor, sí, pero parecen inconsecuentes en nuestra vida.

Cuando los sentimientos de aislamiento me oprimen, cuando siento como si me faltara el centro mismo de mi universo, reconoceré que hay otros a mi alrededor que son importantes para mí, y para los cuales yo soy importante. Estaré dispuesto a aceptar por lo menos un pequeño grado de atención y afecto hacia ellos.

Quiero hablarle sobre la muerte, saber cómo está, pero tengo miedo.

[La bondad] es la cadena de oro
que une a la sociedad.

GOETHE

A veces se requiere valor para abordar el tema de la muerte con otro sobreviviente. Pero el acto mismo constituye un gesto de bondad e interés. Demuestra cariño, nuestra disposición a ayudar, nuestra disposición a acompañar a la otra persona—por lo menos durante un rato—en el dolor.

Es mediante estos actos que nosotros, como sobrevivientes, nos comunicamos. Es mediante este tipo de gestos que nosotros, como sociedad, nos comunicamos. Nunca es errado acercarse a otra persona. Manifestar bondad nunca es errado. Puede no ser siempre lo convencional, pero nunca es un error. Necesitamos recordar que debemos estar alertas a los sentimientos, silencios y aislamientos de los demás y dar el primer paso cuando sentimos que debemos darlo.

Buscaré fortaleza en una conexión emocional con otro sobreviviente. Me acercaré a esa persona y le preguntaré: "¿Cómo estás? ¿Quieres hablar?" Al hacerlo estaré a la vez prestando apoyo en la pena y recibiéndolo. Me sentiré agradecido porque estos gestos bondadosos—tanto dados como recibidos—son posibles en medio de la pérdida.

No he visto a ese amigo desde la muerte.

Nunca se siente uno tan absolutamente impotente
como cuando trata de pronunciar palabras de consuelo
ante una gran aflicción. No lo intentaré.

JANE WELSH CARLYLE

A veces nos toma por sorpresa que un amigo cercano desaparezca de nuestra vida después del funeral. Esta es la persona en quien creíamos poder apoyarnos, una de esas personas que nos caían y en cuyo apoyo más confiábamos. Cuando sentimos que nos han abandonado, nos sentimos furiosos y decepcionados. Es natural que nos sintamos enojados. Sentimos que esa persona ha sido egoísta o superficial.

Pero no es necesariamente cierto. Algunas personas no pueden ofrecer consuelo porque no fueron educadas en un ambiente donde ofrecer solaz fuera parte del comportamiento de las personas. Para ellos, ofrecer un consuelo profundo y sostenido es algo ajeno. Se preocupan por uno, pero no saben por dónde empezar. Tienen tanto miedo a sus propios sentimientos como a los nuestros. Y entonces no tratan de establecer la conexión.

Podemos reconocer que otros tienen sus limitaciones y que sus experiencias los han hecho diferentes a nosotros. No son malas personas, son sencillamente personas que—por una u otra razón—son incapaces de unirse a nosotros en la pena, y eso es lo que más necesitamos en este momento.

Le perdonaré a mi amigo o a mi amiga sus sentimientos de confusión e incapacidad, no saber qué hacer por mí o qué decirme. Recordaré que mi situación es muy atemorizante para las personas que están distanciadas de sus sentimientos. El dolor representa vulnerabilidad, y yo no puedo esperar que todo el mundo tenga el valor de acercarse a esa vulnerabilidad.

Otras personas me dicen que se sienten muy afectadas, pero no saben lo que es el dolor.

Mido todo el Dolor que encuentro
Con Mirada angosta y escrutadora—
Me pregunto si pesa lo que el Mío—
O si tiene una dimensión más Llevadera.

EMILY DICKINSON

Nos parece que nadie puede saber cómo nos sentimos. Nadie puede haber sufrido como nosotros. La muerte de esa persona que era tan especial para nosotros produce un dolor que nadie puede imaginar. Nos decimos: "Quizás otros crean que saben, pero no saben."

Si bien la muerte de cada ser amado es, sin duda, única, también hay ciertas características universales que los sobrevivientes experimentan después de la pérdida de un ser amado. No importa dónde vivan las personas, o qué hagan, o a qué religión pertenezcan, o si tienen educación o carecen de ella: todos compartimos algunos de los sentimientos y respuestas que se tienen cuando fallece un ser amado. Por ejemplo, los sentimientos de ansiedad, desesperanza, confusión, desorientación y añoranza son parte de la experiencia de casi todos los sobrevivientes.

Reconoceré que lo que los demás pretenden es aliviar mi sentido de pérdida, aliviar mi dolor. Sabré que su pena puede ser diferente a la mía de cierta forma, pero que en otros aspectos se parecerá. La pérdida de cualquier ser amado es un peso que todos sobrellevamos como mejor podemos a nuestra manera y sin comparación.

Su muerte me hace sentir pequeño e impotente, como si no tuviera ningún poder.

El hombre adquiere la estatura
del enemigo contra el que lucha.

NIKOS KAZANTZAKIS

Ante el fallecimiento de un ser amado, nos enfrentamos a un oponente de enormes dimensiones. Pero a medida que vamos progresando por el más difícil de todos los períodos, a medida que nos enfrentamos a este reto inmenso afrontando lo que sentimos y necesitamos, hacemos posible en nosotros mismos el cambio y el crecimiento. El crecimiento que lograremos no es algo que ahora, al comienzo del período de duelo, podamos imaginar. Pero cuando miremos hacia atrás dentro de unos meses, quedaremos maravillados de lo que fuimos capaces de hacer.

Al enfrentar a este poderoso contrincante, sé que tengo el poder de ganar y que triunfar me hará más fuerte. Para progresar, no negaré mi pena. La reconoceré, lucharé con ella y trabajaré con ella. Y cuando pase este difícil período, comprobaré que he adquirido mayor estatura—no solo en este momento, sino para el resto de la vida.

¿Por qué tuvo que sucederme esto a mí?

Si todos los infortunios fueran puestos en un montón común
del que cada cual pudiera tomar una porción igual,
casi todos se contentarían con tomar el suyo y marcharse.
SÓCRATES

La muerte nos hace cuestionar muchas cosas. Quizás cuestionemos la razón de la muerte del ser amado, la razón por la que tuvo que sufrir, o la razón por la cual debemos sobrevivir a esta experiencia triste y traumática. Pero independientemente de con cuánta intensidad busquemos las respuestas a este tipo de preguntas, no podemos encontrarlas. ¿Por qué—nos lamentamos—tenemos que vivir estos momentos tan terribles? ¿Qué hemos hecho para merecer esto? ¿Por qué las vidas de los demás son menos difíciles que la propia?

Cuando en realidad escudriñamos nuestra vida, los traumas y las pérdidas que hemos vivido, casi todos sabemos que tenemos una carga, pero ha sido *nuestra* carga. No es una carga que intercambiaríamos por la del vecino o el amigo. Dada la posibilidad de intercambiar infortunios, la mayoría de nosotros tomaría el propio y se marcharía.

Llevaré mi propia carga lo mejor que pueda sin cuestionar por qué he sido elegido para soportar tanto dolor en la vida. Todos hemos sido elegidos por el infortunio en alguna ocasión. El camino que recorro es difícil—a veces casi insoportable—pero es mi camino. Y yo lo reconoceré y me daré cuenta de que me llevará a salir de la oscuridad.

Aunque tuvimos seis meses para prepararnos, todavía es devastador.

La experiencia está en los dedos y en la cabeza.
El corazón es inexperto.
HENRY DAVID THOREAU

Con suficiente experiencia, aprendemos a hacer las cosas con las manos y la mente. No es en absoluto igual de fácil aprender a lograr algo con el corazón. Aunque nos hubiéramos preparado para la muerte porque el ser amado padecía una enfermedad terminal, o incluso si ya antes tuvimos pérdidas, no significa que el corazón haya aprendido algo en el proceso. Cada vez que nuestras emociones entran en juego con una experiencia, esa experiencia es, en esencia, nueva para cada uno.

De modo que la pena nos llega a casi todos como un intruso arrollador y exigente. Siempre seremos aprendices cuando se trata de sobrevivir a una muerte. Desearíamos saber más o estar mejor preparados, pero la preparación puede ser apenas mínima, en el mejor de los casos.

Inicio el recorrido de la mejor manera posible con los recursos que tengo y la determinación de llegar al otro lado. Reconozco que necesito ser bondadoso conmigo mismo en estos tiempos, valorar mis propios sentimientos, y hacer honor a mis necesidades emocionales.

Cuando mi esposo murió, y mis amigas vinieron y se quedaban y se quedaban, entré a la sala y les pedí a todas que se fueran. A mi madre le pareció horrible que yo hubiera hecho algo así.

El costo de conservar amigos no radica
en lo que uno hace por ellos, sino
en lo que uno, por consideración con ellos,
se abstiene de hacer.

HENRIK IBSEN

Los amigos maravillosos y bien intencionados quizás no se den cuenta en ocasiones de cuáles son nuestras necesidades, o hagan caso omiso de nuestros mensajes y piensen que ellos saben lo que es mejor para nosotros. Quizás un amigo o una amiga insista en estar a nuestro lado cuando no podemos tolerar estar acompañados. Las personas visitan o llaman con demasiada frecuencia, o nos preguntan demasiados detalles o insisten en que comamos cuando no podemos comer o que nos sentemos cuando queremos movernos. Cualquiera que sea el motivo de irritación, podemos expresarlo. Podemos decir qué queremos y qué necesitamos en determinado momento. Hacerlo puede ser extremadamente difícil, porque estamos demasiado cansados, demasiado tristes, demasiado desconsolados o demasiado enfermos para resistimos; pero si podemos reunir la energía para expresarnos con claridad, en última instancia nos beneficiaremos de hacerlo.

Siento gratitud por mis maravillosas amistades, pero debo recordar que quizás no siempre sepan cuáles son mis límites o cuándo he llegado al punto de saturación en términos de conversación o compañía. Cuando esto ocurre, les agradeceré su atención y su amor e interés. Luego, expresaré mis necesidades de manera considerada y clara. Y no pediré disculpas por tener estas necesidades.

Dicen que quieren ayudar, pero no sé qué decirles.

Aquél que haga el bien a otro,
debe hacerlo en pequeñas cosas concretas.

ANÓNIMO

Los ofrecimientos de ayuda proceden de diversas fuentes. Algunos ofrecimientos son genuinos; otros nos parecen menos sinceros. ¿Qué hacer entonces? Casi todos agradecemos a los amigos, los parientes, los vecinos o los colegas por ofrecer ayuda. Luego nos cuesta trabajo pedir cualquier cosa, aunque necesitemos ayuda.

Cuando existe la posibilidad de que otros se hagan cargo de tareas problemáticas, deberíamos pedirles ayuda y deberíamos expresar concretamente qué es lo que pueden hacer para que nuestra vida sea menos tensa. Quizás necesitemos que alguien haga llamadas telefónicas, cuide niños, ayude con la compra, proporcione transporte para los parientes que viven fuera de la ciudad, o se haga cargo de pequeñas diligencias o responsabilidades. Está bien pedir ayuda. Si dudamos en hacerlo, tan solo tenemos que imaginar que los papeles se han invertido y que el sobreviviente es el otro. ¿Qué responsabilidades estaríamos dispuestos a asumir por esa persona? Esas son las cosas que podemos pedir—y que debemos pedir.

Cuando necesito algo que otra persona puede hacer por mí de manera que mi vida tenga menos estrés, pediré ayuda. Diré de manera concreta qué es lo que necesito y no me sentiré culpable por pedirlo.

Me siento sencillamente perdida.

Es un mar, nos rodea en todas direcciones. Y
nos mecemos, botes de astillada resistencia.
SANDRA LAMPE

En los primeros días de la pena, nos sentimos anestesiados, fuera de la realidad. Es como si flotáramos a lo largo del día, como si fuéramos de una tarea innecesaria a la siguiente, vemos a una persona, luego a la otra sin verdadera memoria de lo que ha ocurrido. Es como si nos hubieran lanzado en botecitos, solos, como si hasta donde nos alcanzara la vista, no hubiera sino un mar de tristeza. No obstante, seguimos día tras día.

Este sentimiento de estar a la deriva, de haber soltado amarras, de estar apartados de nuestras experiencias normales con los demás y con las presiones habituales, persiste, y sentimos que nuestra vida está llena de exigencias inusuales que van más allá de lo que creemos poder soportar. Pero nuestra resistencia es sorprendente. Y, débiles o no, sobrevivimos de esta forma. No nos hundimos. Quizás sintamos que nos hundimos, pero nunca ocurre. Y no ocurrirá.

A medida que avanzo en este difícil período de dolor, reconoceré que el sentido de irrealidad—de sentirme desconectado del mundo, aislado y a la deriva—es de esperar. No durará mucho tiempo. Gradualmente, sentiré más conexiones, más estabilidad. La sensación de estar bajo anestesia y la sensación de flotar se disiparán y todo un rango nuevo de emociones la sustituirá. En este momento, estoy haciendo lo que necesito hacer. Mi cuerpo se cuida a sí mismo de esta forma. No puedo cambiarlo y no necesito tratar de hacerlo.

A veces no sé cómo pasaré la noche hasta la mañana siguiente.

El único valor que importa es
el que te lleva de un minuto al siguiente.
MIGNON MCLAUGHLIN

Las noches son especialmente difíciles para muchos sobrevivientes—especialmente para quienes vivimos solos. Es entonces, cuando todo se ha aquietado y el teléfono no suena, que la angustiosa soledad se asienta, la nostalgia, el tormento de tener que sobrevivir otra noche de dolor.

Podemos hacerlo más llevadero si vemos la noche como realmente es. No es interminable. No es un oscuro presentimiento que nos engullirá. Es tan solo una colección de horas, que son una colección de minutos. Es a lo largo de un minuto y del siguiente, uno a la vez, que debemos perseverar. Eso lo podemos hacer.

No importa si tengo una gran dosis de valor o un poco de valor, lo único que necesito es el valor para ir de un minuto al siguiente, uno a la vez, y ciertamente puedo hacer esto—independientemente de cuán atemorizante o cuán cruel me parezca pasar otra noche de soledad.

Duermo durante una hora, luego me despierto. Y así continúa toda la noche.

El sueño construye las piedras del sendero.

EEVA-LIISA MANNER

Los cambios en los hábitos y patrones de sueño están entre los efectos más perturbadores del dolor. Se ubican bien arriba en la lista, al igual que los trastornos digestivos y la falta de concentración. A algunos nos da insomnio, que empieza inmediatamente después de la muerte y continúa de forma intermitente durante meses. Algunos soñamos con la persona amada y nos sentimos alimentados por estos sueños. Pero otros anhelamos ver al ser amado en sueños e, independientemente de cuan fervorosamente lo deseamos, no ocurre.

Debido a este tipo de perturbación nocturna, es vital que nos permitamos descansar siempre que sea posible. Si no podemos dormir en la noche, es necesario que procuremos dormir siempre que podamos. La posibilidad de dañar el patrón de sueño por dormir durante el día es menos importante que tener que sufrir los efectos adversos de la falta de sueño.

Podemos dormir mejor si hacemos ejercicio durante el día, aun si se trata tan solo de una pequeña caminada. Y no podemos esperar que el cuerpo descanse si tratamos de sobrevivir a base de cafeína o de otros estimulantes. Con el tiempo, si ponemos de nuestra parte, nuestros patrones de sueño regresarán a la normalidad. Una vez más, el sueño construirá las piedras del sendero para atravesar la soledad de la noche. Contribuirá a nuestra curación emocional y fomentará nuestra sensación de bienestar.

Para promover mi propia capacidad de dormir y de recuperar las fuerzas, haré ejercicio, no consumiré cantidades excesivas de cafeína ni de otros estimulantes, y evitaré presionarme cuando sé que el descanso es lo que realmente necesito. Más bien, reconoceré que mi ser físico ha sufrido un trauma semejante al de mi ser emocional. Mi cuerpo merece la oportunidad de sanar y de recuperar fuerzas, y le ayudaré de cualquier forma que pueda.

Me limito a seguir adelante. Casi siempre insensible, pero continúo.

Vivir la vida en un cuerpo que uno no puede sentir
es, creo, la soledad más sola.

JAMES J. LYNCH

Si estamos insensibles, no tenemos conciencia del cuerpo, de los sentimientos, de las diversas fuerzas vitales que nos componen. Excluir la pena, hacer caso omiso de cualquier emoción o atenuarla, equivale también a excluir la posibilidad de alegría y placer. No podemos perdurar mucho tiempo en circunstancias de tanta privación. El cuerpo hace posible que prosperemos. El cuerpo es el hogar físico de nuestras emociones. Por fortuna, los seres humanos estamos hechos de tal forma que somos capaces de expresar verbal y físicamente los sentimientos, opiniones, pensamientos y deseos que nos atañen.

El dolor aísla. Pero agravamos este aislamiento si no nos permitimos develar ante *nosotros mismos* las diversas necesidades, impulsos, deseos y aprehensiones que requieren reconocimiento en lugar de abandono. Tenemos que permitirle a nuestro cuerpo sentir. Al dar el primer paso de abrirnos a nosotros mismos, o sentir lo que ocurre dentro de nosotros, o confrontar asuntos difíciles, iniciamos el recorrido hacia la curación y nos alejamos de la soledad más sola.

He estado insensibilizando mis sentimientos, haciendo caso omiso de pensamientos que necesitaba explorar, tratando de bloquear zonas de mí mismo que son únicas y valiosas. Más bien, trabajaré en pro de ser una persona completa. Le permitiré a mi cuerpo sentir y expresarse. No hacerlo es una forma de hacerme daño.

Quiero que todo el mundo me deje en paz. No necesito nada. Yo puedo lidiar con esto.

Al reconocer nuestra vulnerabilidad, incluimos a otros;
al negarla, los excluimos.

MAY SARTON

De vez en cuando es tentador encerrarnos y decir que no necesitamos nada de nadie, que podemos lidiar con la situación y que queremos que nos dejen en paz. Y sin embargo, por dentro tenemos miedo. O estamos confundidos, o solos, o cualquier otra cosa.

No es sensato aislarnos de todas las posibilidades de ayuda. Si decimos que no necesitamos a nadie, entonces nos estamos aislando de los demás de manera autopunitiva e innecesaria. Más bien, podemos admitir cómo nos sentimos, lo cual permite que otros vengan a ayudarnos. Podemos revelar los asuntos que nos generan más dificultades. Podemos discutir el hecho de que no siempre somos fuertes, lógicos, pacientes, y todas esas otras cosas que necesitamos ser.

Debemos recordarnos que no nos beneficiamos en absoluto de sellarnos en una fortaleza de autodeterminación, que requiere que no mostremos a nadie nuestro "lado débil."

Me daré cuenta de que al admitir mi vulnerabilidad, estoy incluyendo a otros en mi vida. No puedo intentar pasar por este proceso de duelo en completa soledad, y no lo haré.

Salir tan pronto después del funeral requirió de todas mis fuerzas.

Quien sale de su puerta ya ha dejado atrás
una dura parte de su recorrido.

PROVERBIO HOLANDÉS

Una vez que la muerte toca nuestras vidas y nos sentimos cambiados por ésta, es menos probable que queramos estar con otros. No queremos hacer acopio de la energía que se requiere para salir por la puerta. No queremos dejar la seguridad del entorno. No queremos estar expuestos. Desearíamos quedarnos en casa en lugar de tener que regresar al trabajo, empezar a hacer diligencias, o ocuparnos de las necesidades de otro.

Dar el primer paso es difícil y puede parecer riesgoso—incluso insensato—pero es algo necesario, y podemos confiar en nuestra propia fortaleza, valor y capacidad de atravesar esa época difícil.

Después del funeral, quizás sienta como si quisiera esconderme para siempre, pero las circunstancias de mi vida—mi trabajo, mis relaciones y otros compromisos—hacen que sea necesario abandonar la seguridad de mi hogar. Me recordaré que después de salir sin compañía por primera vez, las salidas subsiguientes se harán más fáciles. Y recordaré que una vez que haya salido y haya cerrado la puerta tras de mí, habré dejado atrás la parte más ardua del recorrido.

Siento tanto cansancio, no quiero ir a ninguna parte ni hacer nada.

Los más fuertes tienen sus momentos de fatiga.

FRIEDRICH NIETZSCHE

El duelo genera agotamiento. Nos hace sentir cansados casi todo el tiempo, si no todo el tiempo. A veces las tareas más simples parecen imposibles, como si requirieran grandes dosis de energía.

No hay nada que nos dicte que debemos lograr hacer tanto durante el período de tristeza como antes de la pérdida. A la vez, no podemos simplemente decirle al cuerpo que se marche. Olvidar comer o resistirse a dar siquiera una pequeña caminada servirá tan solo para contribuir a la falta de energía. Vivir de café y refrigerios no nos restaurará a un estado de salud razonable. Hacer caso omiso de la falta de sueño no curará el insomnio.

Necesitamos dejar que el cuerpo dicte lo que puede hacer y lo que no. Si no sentimos que podemos enfrentar el reto físico de ir hasta la tienda, atender un compromiso o una diligencia, o asistir a una reunión, entonces debemos aceptar esa limitación. Y a la vez, podemos estar tranquilos de que esa incapacidad es tan solo temporal.

Cuando las emociones exigen demasiado de nosotros, no debemos olvidar nuestro ser físico. Debemos prestar atención a las necesidades del cuerpo.

Prestaré atención a las señales de mi cuerpo y no lo presionaré demasiado. Pero también reconoceré que necesito ayudarle a recuperar su fuerza. He sufrido una cirugía emocional que ha sido dura para el alma y el corazón; de manera semejante, no debo castigar el cuerpo en el que vivo.

Tengo miedo y ni siquiera sé de qué tengo miedo.

Ninguna pasión deshace con tanta eficacia
el poder de la mente para actuar y razonar como el miedo.
EDMUND BURKE

A veces el miedo invisible llega casi a paralizarnos. No actuamos ni pensamos como lo hacíamos antes, porque la base de todo lo que pensamos o hacemos es un miedo subyacente. El miedo proviene de la incertidumbre que produjo nuestra pérdida. Muchas veces la muerte del ser amado roba nuestra confianza y se convierte en inseguridad; toma la certeza y la cambia por incertidumbre; toma la fortaleza y la sabiduría y las reduce a debilidad y pensamiento confuso. Y en lugar de estas cosas que sentimos nos fueron arrebatadas, se asienta el miedo.

Debemos reconocer que este estado es temporal; ha ocurrido porque nuestro mundo privado ha sido sacudido. Debemos tener en mente que lo que nos infunde miedo es nuestra condición de debilidad temporal. Una vez que recuperemos la fortaleza, los miedos perderán su poder. Seremos capaces de razonar y de actuar, y de estar libres de temores como lo estábamos antes de la muerte.

Cuando sienta miedo o ansiedad, reconoceré esto como parte natural del proceso de duelo. Mis poderes han sido mermados por la muerte, y mi confianza en mí mismo y en el mundo ha sido sacudida. Con el tiempo, recuperaré mi capacidad de considerar una acción sin tener que medirla contra el trasfondo del miedo. Este tipo de preocupación por el miedo tan solo limita mi vida y no tiene un lugar realista en ella. Estoy, como cualquier otra persona, a salvo de graves peligros. Aventurarme en el mundo es una acción saludable, no una falta de cautela.

No quiero la lástima de los demás.

El que siente lástima de otro se recuerda a sí mismo.

GEORGE HERBERT

Cuando sentimos dolor, queremos comprensión, no lástima. Amigos, parientes, colegas y vecinos bien intencionados dicen cosas que nos hacen caer en cuenta de que nos tienen lástima—pero en realidad no sentimos que sean comprensivos con nosotros. Esto a la vez nos entristece y decepciona.

Pero a veces la lástima de otros puede contener más comprensión de lo que imaginamos. Puesto que la lástima surge de sus propias heridas del pasado, no deberíamos ser duros con quienes sienten lástima por nosotros. Puede ser el único nivel en el cual pueden acceder a nuestro dolor. Necesitamos reconocer y aceptar que seguramente llevan en sí mismos una amalgama de asuntos emocionales, y que podrán enfrentar algunos y otros no.

No seré crítico de las personas que me manifiestan lástima ni me enojaré con ellas. Seguramente es apenas una vía mediante la cual pueden establecer una conexión conmigo. Mi pena puede hacerles sentir temor de ir más allá de sentir lástima por mí—pues al sentir lástima responden a una herida o a un vacío en sus experiencias propias.

Estoy cansado de las preguntas de la gente.

La curiosidad, una motivación primitiva y persistente, puede ser una valiosa herramienta, o un fastidio.

ANÓNIMO

La muerte siempre despierta curiosidad. Típicamente, las primeras reacciones cuando anunciamos la noticia son las preguntas. Bien sea que sigan a las condolencias o las precedan, son parte preeminente de la experiencia de duelo.

A veces, las preguntas persisten de manera poco apropiada. Por ejemplo, las personas que se enteran de la pérdida, pero que no son muy cercanas, quizás hagan preguntas sobre las circunstancias de la muerte del ser amado. Aun las personas a quienes amamos y que son importantes para nosotros, pueden hacer preguntas que preferiríamos no contestar, porque no queremos tener que lidiar con la información que esa respuesta comunica. No queremos decir cuánto tiempo pasó antes de que la persona fuera encontrada muerta. O no queremos hablar acerca de las reacciones de otros que estaban en la habitación u otros detalles íntimos de la tragedia. Y no tenemos que hacerlo. Podemos reconocer que la curiosidad es algo común, incluso primitivo. Pero el negarnos a responder es uno de nuestros derechos.

Si no quiero responder o satisfacer la curiosidad de la gente, no tengo que hacerlo. Miraré a quien me hace la pregunta y diré, "Siento que esa información en particular es de carácter privado" o "En realidad no puedo hablar contigo sobre ese tema en este momento."

Quisiera que la gente pensara antes de hablar. Algunas de las cosas que he oído en las últimas dos semanas realmente me han hecho daño.

De todas las crueldades, las más intolerables son las que responden al nombre de condolencia y consuelo.
WALTER SAVAGE LANDOR

Desafortunadamente, hay personas que se acercan a decir cosas irreflexivas e hirientes cuando se supone que nos están consolando. Las personas que pierden hijos a veces oyen comentarios en el sentido de que deberían agradecer que todavía les quedan otros hijos, o que pueden tener más hijos. Los viudos y las viudas jóvenes oyen decir que se casarán de nuevo, que la vida no ha terminado. A los niños que sobreviven a la muerte de uno de los padres les dicen que se cuiden el uno al otro, como si pudieran hacerse cargo de las necesidades emocionales, físicas y mentales del otro. Todos estos comentarios denotan escasa reflexión—y ciertamente falta de empatía.

Cuando nos vemos atrapados en una situación en la cual tenemos que tolerar anécdotas, explicaciones o consejos que no queremos oír, necesitamos darnos cuenta de que las acciones irreflexivas de otros generalmente tienen que ver con falta de experiencia. Las personas que no han perdido a un ser amado, muchas veces perciben el dolor como un proceso temporal y bastante racional que se detiene poco después del funeral. No entienden el alcance o la profundidad del duelo. Podemos protegernos descartando mentalmente cualquier cosa que nos digan que no sea constructiva o nos brinde apoyo.

No me sentiré dolido por los comentarios insensibles que otros hagan. No reviviré una situación potencialmente dañina una y otra vez. Descartaré cualquier cosa que oiga que me haga sentir culpado, poco comprendido, tonto o excesivamente dependiente. Cuando oiga este tipo de comentarios, me visualizaré lanzando esa observación o pregunta a la canasta de la basura. Entonces recordaré alguna otra cosa que otra persona me haya dicho para hacerme sentir mejor, un comentario que me comunicó comprensión y apoyo.

Quiero que me abracen. Quiero sentir el contacto físico.

El más grandioso de los sentidos es el del tacto. Es muy probablemente el sentido principal en el proceso de dormir y despertar; sentimos, amamos y odiamos, somos sensibles y somos tocados a través . . . de la piel.

J. LIONEL TAYLOR

Durante el duelo, algunas de nuestras necesidades se adormecen, algunas se agudizan. Una necesidad que con mucha frecuencia se intensifica es la necesidad de contacto, de ser abrazado, de que alguien nos dé una caricia al pasar o nos sostenga la mano en momentos especialmente tensos. Una mujer que sobrevivió a la muerte accidental de su esposo, dijo: "Yo sabía que podía sanarme más pronto si no me sentía tan sola en mi piel." El dolor nos aísla emocionalmente, pero carecer de contacto físico nos puede hacer sentir tanto emocional como físicamente aislados. Así que nuestro deseo de contacto es una necesidad humana real y vital.

De hecho, estudios realizados sobre el tema de la privación de contacto físico han demostrado de forma dramática que el contacto contribuye al desarrollo de una vida sana. Es importante recibir afecto físico por parte de las personas que son importantes para nosotros. Si alguien desea abrazarnos, no deberíamos preocuparnos de que este gesto nos haga llorar, o "desbaratarnos." Necesitamos seguir nuestro instinto natural de dar y recibir afecto.

En grupos de apoyo, los sobrevivientes se inclinan más por tocarse, abrazarse y ofrecer gestos físicos de afecto, porque saben que constituyen una forma de conexión y consuelo, y de romper la barrera terrible de estar solos dentro de la piel.

Respeto a la persona que me ofrece afecto y siento cariño por ella y si quiero que me dé la mano o que me abrace, lo haré. Si lloro, no es el fin del mundo. Si lloro, de hecho, estoy permitiéndole a mi cuerpo dos formas de sanarse a sí mismo—el contacto y la liberación de las lágrimas, ambas son formas de sanar.

No quiero alguien con quien hablar. Quiero la presencia de alguien que se siente conmigo y no espere que yo hable.

El silencio goza de tantos matices como la palabra.

EDITH WHARTON

Aunque durante el período de duelo comunicarse por medio de la conversación es extremadamente importante, a veces es igualmente importante permanecer en silencio. Quizás tengamos una necesidad muy fuerte de sentarnos en silencio y de repasar los sucesos alrededor de la muerte, recordar cosas que decía o hacía el ser amado. O quizás queramos intentar organizar los aspectos confusos de la pérdida, tratar de hacer planes, o simplemente lamentar nuestra suerte. Estas necesidades y deseos son perfectamente normales y aceptables. Toda esa silenciosa reflexión conforma un período vital que puede durar unas cuantas semanas o un tiempo mucho más prolongado.

Para algunos, el silencio es la reacción principal ante la pérdida. Y la mayor parte del tiempo de silencio debería ser honrado y respetado por otros. Quizás los amigos nos ayuden al venir de visita y sentarse en silencio, preparar una taza de té, o unirse en caminada silenciosa, no tiene nada de malo que pidamos esto. No tenemos que entretener a la visita. Está bien desear la presencia de alguien y a la vez que el deseo consista en que esa persona nos acompañe en silencio.

Cuando quiera que alguien comparta el silencio conmigo, que se siente sin hablar en la misma habitación, que salga a caminar sin que tengamos que conversar, o que me dé la mano o me pase el brazo por los hombros, se lo pediré. Merezco recibir cariño en silencio y recibir gestos que me den sosiego. Cuando mi ritmo mental o emocional requiera de silencio y calidez, respetaré esa necesidad y haré lo posible por cumplirla.

Si yo hubiera . . .

Es de lo más fácil conducir a un ser humano sensible
a sentirse culpable de cualquier cosa.

MORTON IRVING SEIDEN

Independientemente de lo bondadosos que hayamos sido con el ser amado, del tiempo que hayamos pasado con esa persona, o del cariño que le hayamos demostrado, de todos modos podemos ser vulnerables a sentirnos culpables.

Si yo *no* hubiera hecho esto—o *si* hubiera hecho aquello, pensamos. Nos torturamos reviviendo una y otra vez los errores que creemos haber cometido.

Pero casi todos hacemos lo mejor que podemos, en el momento en que lo hacemos, con los recursos que tenemos en ese momento. Las cosas por las cuales nos sentimos culpables después de la muerte del ser amado rara vez—casi nunca—tienen validez. Sentirnos culpables es nuestra forma de hacernos creer que teníamos algún control sobre la muerte. Lo hacemos porque es difícil tener que reconocer que vivimos en un mundo en el que pueden ocurrir cosas terribles que están por completo más allá de nuestro control.

Cuando la culpa me persigue, reconoceré que esa es mi forma de asumir parte de la responsabilidad por la muerte cuando de hecho no fui responsable. No puedo determinar ni controlar la duración de la vida de otra persona por más que ame a esa persona.

No puedo olvidar algo que dije y que lo ofendió. Lo hice adrede, y nunca le dije que lo sentía.

Los hombres tienden a ofender (es cierto)
donde encuentran más bondad que les perdone.

WILLIAM CONGREVE

Probablemente no existan sobrevivientes en este mundo que no sientan remordimiento, incluso gran dolor emocional, por algo en particular que dijeron o hicieron cuando el ser amado estaba en vida. Puede ser cualquier pequeña acción desconsiderada; puede ser algo que fue calculado para hacerle daño a la otra persona. Luego, después del hecho, no se pidieron disculpas. No hablaron nunca de lo que hizo daño; las cosas quedaron en el aire.

Quizás no nos guste reconocerlo ante nosotros mismos, pero muchas veces ofendemos con mayor facilidad a quienes sabemos que nos perdonarán. Puesto que nos quieren y nos comprenden, asumimos que nos tolerarán más cosas—y frecuentemente así lo hacen. Esta forma de pensar ciertamente no siempre es consciente. De hecho, la mayor parte del tiempo no lo es, pero nos permite tomarnos libertades con las acciones y con la lengua que de otra forma no nos tomaríamos.

Me perdonaré y sabré que probablemente la persona amada me perdonó por las cosas desconsideradas que dije o hice. Esa persona sabía cuáles eran mis verdaderos sentimientos, y las acciones que lamento no reflejan esos sentimientos. Cuando me torturo por un desacuerdo sin resolver o una acción desafortunada, necesito confiar en la bondad del ser amado y en su capacidad de perdonarme, no solamente una, sino todas las veces necesarias.

Trato de obligarme a pensar en otra cosa, de ser razonable, pero no funciona.

La cabeza no sabe cómo
desempeñar largo rato el papel del corazón.
LA ROCHEFOUCAULD

Aunque quizás tratemos una y otra vez de bloquear las emociones, de aquietar las miserias del corazón, muchas veces no funciona. Podemos hacer que la cabeza haga muchas cosas, pero no podemos lograr que pase por alto el dolor de la pérdida de un ser amado. Estos intentos de la voluntad no funcionan—y existe una muy buena razón para ello. Si nuestro intelecto pudiera dominar las emociones, si cuando se agita la pena pudiéramos exitosamente darnos la orden de pensar en otras cosas, siempre estaríamos en estado de intenso dolor emocional. La pena se ocultaría y causaría dificultades de muchas formas, afectando los cambios emocionales, nuestra composición psicológica y la salud física.

Recibo con agrado los mensajes de mi corazón. Sé que son ciertos y que proceden de la más profunda fuente de vida con la que cuento. Si bien en ocasiones puede parecer que podría ahorrarle a mi vida el dolor si pudiera vivir solo en mi cabeza, necesito reconocer que no es solamente el intelecto el que me ayudará a liberar la pena; es mi corazón.

Me parece que lo veo en su auto por la calle o que entra por la puerta de atrás, entonces me doy cuenta . . .

El deseo es ciertamente poderoso; engendra creencia.

MARCEL PROUST

Deseamos con tanta pasión cuando los seres amados se han marchado, deseamos que pudiéramos verlos, o encontrarlos sentados en su silla favorita, o entrar caminando por la puerta, o que nos llamaran por teléfono a la hora que solían hacerlo. No es inusual estar totalmente convencidos de que vemos al ser amado conduciendo, esperando el autobús, trabajando en una tienda o incluso entrando por la puerta principal. De hecho, nuestro deseo de ver al ser amado es tan poderoso que nos hace creer, al menos momentáneamente, que todavía está con nosotros, acá, aún capaz de una presencia física.

Aunque estas experiencias aceleran el corazón y despiertan las esperanzas, también nos decepcionan. Así que a la larga aprendemos a comprender lo que son: un producto de la ilusión, de la añoranza.

Estos asomos e imágenes pasajeras pueden ocurrir con mucha frecuencia durante meses, incluso un año, tras la muerte. Luego, gradualmente, pasan. Hablar o escribir sobre lo que imaginamos que vemos puede ayudarnos a liberar la decepción y el dolor que nos causan estas imágenes.

Cuando siento conmoción al ver a alguien que se parece mucho al ser amado, cuando estoy convencido de que el ser amado realmente no ha fallecido, que hay un error, me tomaré un momento para sobreponerme al poder de esa imagen. Lo haré escribiendo acerca de lo que vi, y cómo me sentí después. O contaré la historia de lo que ocurrió a alguien de confianza. Hacerlo me ayudará a enfocar y a liberar el golpe emocional que he sufrido.

Siento cólera contra ella por dejarme de esta forma. ¿Cómo pudo hacerme esto?

Ningún hombre siente cólera si no se siente herido.

FRANCIS BACON

Muchas veces sentimos cólera por haber sido abandonados. Nos sentimos heridos porque nos han dejado solos. Quizás incluso deseemos tener la oportunidad de expresar nuestra cólera hacia la persona que murió. El cónyuge que sobrevive puede sentirse abandonado, u olvidado, como si el cónyuge fallecido hubiera podido proponerse y hubiera podido vivir más tiempo, si hubiera amado *de verdad* al sobreviviente. Esta forma de pensar es, desde luego, poco realista, pero durante un tiempo sirve para negar y evadir el dolor del sobreviviente. Es decir, la ira desplaza otros sentimientos que pueden ser mucho más difíles de encarar. Utilizar el enojo de esta forma equivale a cambiar el tema durante una conversación para evadir el tema que se está debatiendo.

Cuando el enojo ocupa nuestros pensamientos día tras día, consume energía, controla nuestra atención y ocupa tiempo. Podemos dejar escapar la ira en la medida en que lo necesitemos y hablar con otras personas acerca de esos sentimientos, pero con el tiempo necesitaremos reconocer que gran parte de la cólera es realmente apenas una máscara para otros sentimientos.

Cuando me siento enojado con el ser amado por haber muerto dejándome solo, desahogaré mi cólera si estoy solo o hablaré con alguien sobre el asunto. Puesto que la ira es una de las emociones más poderosas, debe mantenerse en perspectiva. Me haré estas preguntas y haré el mejor esfuerzo por responderlas: ¿Para qué sirve mi enojo? ¿Por cuánto tiempo quiero invertir mi energía en esto? ¿Qué está enmascarando?

Desearía haber muerto antes que la persona que amo. Nunca pensé que yo tendría que sobrevivirle.

Lo más que hice por ti, fue sobrevivir a tu muerte.
Pero eso es mucho.

EDNA ST. VINCENT MILLAY

Casi ninguno estamos preparados para quedarnos atrás. Pensábamos que moriríamos antes del cónyuge, el amigo, el hermano o la hermana, o el hijo o la hija. Y sin embargo, henos acá teniendo que enfrentarnos a esta soledad y este abandono.

Aunque sobrevivir a la muerte de un ser amado nunca fue parte del plan, nunca parte de las expectativas, de cierta forma es nuestro regalo a esa persona. Somos nosotros, en lugar del ser amado, los que vivimos la pena.

Estoy solo y me siento abandonado, pero si me pidieran elegir entre causar sufrimiento o aceptar el sufrimiento de la pérdida, ¿cuál elegiría? Estoy acá para seguir adelante, para continuar el legado de mi relación en los días por venir, para hacer brillar el recuerdo del ser amado, para verlo como un fuego mediante el cual puedo forjar un futuro.

Sé que lo glorifico—pero eso es asunto mío.

Pero es la verdad, incluso si no ocurrió.

KEN KESEY

En el período inicial del duelo, a medida que recordamos al ser amado y recordamos lo que vivimos juntos, quizás tengamos una tendencia a distorsionar la realidad, a moldear los sucesos, o a inventar una faceta de la relación. No hay daño en ello. Es nuestra realidad por el momento. Puede no estar tan alejada de la verdad como para falsearla o puede ser drásticamente diferente de los hechos. De cualquier forma, no importa.

Muchos seres amados son mitificados hasta cierto punto después de su muerte. Muchas relaciones se transforman bajo el influjo de la añoranza. Todo forma parte del proceso de sobrevivir. Se vuelve peligroso solamente si creamos una ficción de la que no podemos prescindir, porque esa ficción podría implicar una incapacidad para hacer duelo por la persona real que falleció.

Sé que no siempre recuerdo las cosas con precisión y no veo el panorama completo cuando estoy recordando mi relación con el ser amado. No importa. Por un tiempo, puedo sonreír y decirme a mí mismo "es la verdad, incluso si no ocurrió."

Cuando murió, mi fe quedó destrozada.

Una fe que se pone límites, que cree hasta cierto punto pero
nada más, que confía
hasta acá y no más allá, no existe.

JULIUS CHARLES HARE Y AUGUSTUS WILLIAM HARE

Sentimos que no existe una razón que justifique la muerte del ser amado y que, si no hay razón, entonces la muerte puede ser considerada un castigo. Esto es especialmente cierto si el ser amado murió de forma repentina o violenta, o murió relativamente joven. Nuestra fe se ve seriamente sacudida; de hecho, quizás sintamos que ya no queda nada de fe.

Pero en esos períodos es necesario considerar que la fe se refiere siempre a algo que excede el alcance de nuestra imaginación, a lo que está más allá de nuestra visión y comprensión.

No podemos ponerle límites a la fe. No podemos hacer tratos con ningún ser—terrenal o no terrenal—y prometer restaurar nuestra creencia a condición de que esto o lo otro suceda. La verdadera fe no funciona de esta forma. Si quisiéramos poder tener fe, pero tememos haberla perdido, podemos recordarnos que la confianza es parte de la esperanza y la esperanza es parte de la renovación después de una pérdida. No dar estos pasos significa prescindir de una fuerza más grande que nosotros mismos que puede ofrecernos gran consuelo durante toda una vida.

No pondré límites o cortapisas a mi fe. No requeriré pruebas. Ofreceré mi confianza, reconociendo que la fe es en sí misma una creencia que va más allá de mi propio conocimiento y capacidades. Si fuera otra cosa, no la habría necesitado nunca.

Estoy tratando de decidir qué hacer ahora, y no lo sé. Quisiera saberlo.

Vivir es un proceso constante de decidir qué haremos.

JOSÉ ORTEGA Y GASSET

En algunas personas, la pérdida de un ser amado genera la necesidad de efectuar cambios drásticos, como vender la casa, mudarse, o cambiar de trabajo o estilo de vida. Puede resultar tentador cualquier cambio fundamental.

De manera semejante, muchos sobrevivientes nos planteamos diversas alternativas. Luego nos sentimos infelices porque no podemos elegir una. Pero seleccionar una excluye la posibilidad de otra, y así sucesivamente. Eso ocupa nuestro tiempo y energía. Nos atormenta. Nos lamentamos: Si tuviéramos forma de saber cuál de las opciones es la mejor.

Pero generalmente la opción es sumamente simple—pues la mejor opción es no hacer nada. El camino preferible es no involucrarse en ningún cambio radical de vida durante al menos un año. Si no hay una necesidad absoluta de cambio, como una crisis financiera, no deberíamos mudarnos, ni jubilarnos, ni vender la casa. Habrá tiempo más que suficiente para eso cuando no estemos experimentando el torbellino de sentimientos generados por la pérdida.

No estoy en un estado propicio para tomar decisiones sabias. Si descubro que tengo la tentación de alterar algún aspecto de mi vida, hablaré sobre mi idea con un profesional que me pueda ayudar. No haré ningún cambio radical sin consultar a una persona que me merezca confianza y que no esté personalmente afectada por la muerte.

Desearía estar en una silla de ruedas incapaz de moverme para que las personas supieran qué es lo que he vivido.

Podemos ver el humo de la casa en llamas, pero, ¿quién reconoce un corazón en llamas?

PROVERBIO MALAYO

Las pasiones del corazón no siempre son visibles, especialmente cuando estamos sufriendo de una pérdida severa. Los sobrevivientes dicen muchas veces que quisieran llevar un signo visible, un botón que anunciara a los demás cuán destrozados se sienten. La pena aísla y es engañosa. A veces la persona que en apariencia está perfectamente bien, pasa por un tormento interior indecible día tras día, hora tras hora.

No podemos cambiar el modo en que opera nuestra cultura. No podemos insistir en una señal especial para el mundo exterior de que atravesamos un gran dolor, pero sí podemos hablar de lo que arde en nuestro interior. Podemos buscar un grupo de apoyo en el cual estemos con otras personas que saben lo que significa guardarse las cosas, reprimirlas y fingir que todo está bien. Al estar con otros que han vivido experiencias semejantes, la sensación de aislamiento disminuye. Nos podemos beneficiar de una comprensión y una compañía valiosas.

No guardaré silencio cuando sienta la necesidad de dar a conocer mi pérdida y mi dolor. El dolor reprimido puede llevar a la enfermedad y yo contribuiré a mi propia salud, expresándome cuando sienta necesidad de hacerlo.

Temo caer al abismo.

La vida solo te exige la fortaleza que tienes.

DAG HAMMARSKJÖLD

Pocos sobrevivientes creemos poder soportar lo que se requiere de nosotros, día tras día. "No saldré al otro lado," nos decimos. O: "Una hora más de esto y no aguantaré. No tendré la fortaleza para seguir adelante." Pero sí la tenemos. Es como si hubiera alguna fórmula humana que desconocemos, y esta fórmula garantiza que la pena, el desconsuelo, la terrible mezcla de emociones que se nos recetan, no excedan la cantidad que podemos sobrellevar.

Utilizaré la fortaleza que tengo para lidiar con mis circunstancias. De alguna forma, milagrosamente, la fortaleza que poseo será suficiente para sacarme adelante. Si en algún momento empiezo a cuestionar mis propias capacidades, tendré fe en que los recursos de que dispongo, algunos de los cuales no eran evidentes antes del fallecimiento, serán adecuados y me llevarán al otro lado.

¿A qué puedo aferrarme?

La esperanza es la mejor música para la pena.

PROVERBIO

Cuando nos sentimos sin salida, sin nada qué esperar, y creemos que solo nos esperan días de agonía emocional, es necesario reconocer que no estamos solos. Hay muchas otras personas que han sufrido penas y ahora viven su vida y funcionan en el mundo como personas que trabajan y aman. Nos uniremos a ellas un día. Después de haber atravesado la difícil maraña de emociones, saldremos a un claro y sabremos que lo peor ha pasado, sentiremos que adquirimos la fortaleza requerida para asimilar los cambios que se han dado en nuestra vida. A lo largo de la travesía por ese brazal de emociones, es necesario llevar la esperanza y darnos cuenta de que en el futuro viviremos una vida que no está dominada por un nudo de emociones.

Al comienzo de este período de duelo, no abandonaré la esperanza. Me daré cuenta de que otros que han recorrido el trayecto antes que yo han salido adelante ilesos. Ellos me darán fe en mí mismo para atravesar las partes más oscuras de mi vida. Todas las maneras en que me enfrenté a dificultades en el pasado y lidié con ellas renovarán mi confianza en mi capacidad de estar a la altura del reto.

No sé dónde terminaré.

Quizás nos ocurre como a los adivinadores del agua, que no saben qué los hace llegar hasta el agua, pero algo los hace llegar hasta ella . . . y hace que la varita oscile en sus manos.

PRIMO LEVI

¿Cómo encontrar el camino? ¿A dónde nos llevará este dolor? ¿Qué ocurrirá? ¿A dónde irá a parar todo? Si confiamos en nosotros mismos, buscaremos algo que está en nuestro interior y que necesita salir a la superficie. Podemos llegar hasta donde está con tanta certeza como el adivinador de aguas puede encontrar agua en parajes inhóspitos.

Hay algo instintivo dentro de nosotros que nos ayuda en los más duros períodos y que nos permite acceder a la fortaleza interior. Podemos reconocer que nuestra pena y nuestra fortaleza provienen del mismo pozo.

Tendré confianza en que puedo localizar la fuente de mi fortaleza y mi pena, y que las dos se entremezclarán en mi proceso de sanar. Pues soy capaz de encontrar mi propio camino, hacer mis propios descubrimientos, y beneficiarme de aquello que descubro.

La gente me sugiere asistir a grupos de apoyo, pero no pienso que, así como me siento, querría estar con un montón de extraños.

Para conocer el camino que tienes por delante, pregúntales a los que vienen de regreso.

PROVERBIO CHINO

El dolor cruza todas las fronteras. Entre las personas que sufren la pérdida de un ser amado, las barreras desaparecen. Personas que no conocíamos dejan de ser extrañas. Estar entre otros que comparten una pérdida semejante—aprender de otros acerca del proceso del duelo y oírles hablar sobre éste y la forma en que sus vidas se volvieron menos problemáticas o dolorosas—es un gran don. Otros sobrevivientes que nos han precedido tienen conocimientos, apoyo y consuelo para compartir, y abrirnos a ellos y ser receptivos nos resultará provechoso.

Si somos especialmente reticentes a comprometernos con un grupo de apoyo, podemos hacer un trato con nosotros mismos: lo intentaremos, y si no nos gusta dejaremos de asistir. Muy probablemente, si asistimos unas cuantas veces, empezaremos a hacer conexiones y a establecer amistades. Sentiremos gran alivio entre aquellos que conocen el camino en el cual estamos, el terreno agreste que recorreremos, y el tiempo que se requiere para hacer el recorrido.

Llamaré a un hospicio local o a la oficina de servicios pastorales de un hospital para localizar un grupo de apoyo para sobrevivientes. Averiguaré cuándo se reúnen y participaré en el grupo por lo menos una o dos veces. Será mi forma de procurarme una nueva vía para trabajar el proceso de duelo.

DOS

Adaptación

El grupo de apoyo me ha salvado la vida.

Si alguien escucha, o me extiende la mano, o susurra una palabra amable de ánimo, o intenta entender a una persona solitaria, comienzan a suceder cosas extraordinarias.

LORETTA GIRZARTIS

Una pareja que perdió a su hijo había empezado a alejarse; no lograban comunicarse y estaban cansados de intentarlo. Se habían dado por vencidos en su intento de ayudarse mutuamente. Entonces una amiga los invitó a participar en un grupo de sobrevivientes de la comunidad. Asistieron a regañadientes con ella al grupo y se pasaron la sesión en silencio. A lo largo de toda la velada, se limitaron a escuchar. Al partir, ambos sentían que la experiencia había sido extremadamente agotadora; pero a la vez, estuvieron de acuerdo en que habían sentido gran alivio al estar entre personas que conocían bien lo que ellos estaban viviendo. La pareja siguió asistiendo al grupo y con el tiempo ambos empezaron a compartir sus sentimientos y preocupaciones. Hicieron amistad con otros padres que estaban en duelo y fueron capaces de ganar una perspectiva nueva y valiosa acerca de cómo sus maneras diferentes de hacer el duelo estaban volviendo inoperante su matrimonio. El grupo de apoyo los salvó del divorcio.

Todos sacamos provecho del contacto con personas que entienden, que están dispuestas a escuchar, a tendernos la mano, a susurrar palabras de apoyo. Cuando estamos en un ambiente así, entre quienes tienen la experiencia y la capacidad de interesarse de una manera especial, algo extraordinario comienza a suceder.

Si decido asistir a un grupo de apoyo, lo haré sin ideas preconcebidas acerca de lo que debo hacer cuando llegue allí. Sencillamente iré y me daré la oportunidad de vivir una experiencia valiosa y enriquecedora en una etapa de mi vida en la que necesito ánimo y comprensión.

Otros sobrevivientes me han dicho que necesito contar mi historia una y otra vez.

El universo está hecho de historias, no de átomos.

MURIEL RUKEYSER

Piense en qué clase de mundo sería este sin las historias de todos sus habitantes. Si no tuviéramos historias individuales, no tendríamos cultura. No tendríamos historia. Todos lo sabemos.

Pero cuando estamos en duelo, son nuestros relatos *personales,* nuestras historias inmediatas y personales las que se vuelven tan importantes. Si contamos dos, tres veces al día la historia de la muerte del ser amado, y aún tenemos la necesidad de contarla, entonces es eso lo que debemos hacer.

Las historias de nuestro amor, de nuestra vida y de la vida del ser amado son los datos más importantes que tenemos. Necesitamos degustarlos, oír el recuento, escuchar nuestras propias palabras, decir lo mismo una y otra vez hasta que no necesitamos contarlo más.

Soy el único que puede contar mi historia—la historia de mi relación con mi ser amado, la historia del fallecimiento de mi ser amado, y todo lo que lo acompaña. En mi mente guardo conversaciones, lo visto y oído, los detalles que rodearon la muerte. Está bien contar la historia que brota de mi interior. No necesito guardarla y reprimirla. Puedo contarla y contarla hasta que ya no necesite hacerlo. Cada vez que cuento mi historia, libero mi interior de una pequeña fuente de dolor. Alivio mi herida.

Me siento atormentado, incluso maldecido.

Créanmelo, lo más triste
bajo el cielo es un alma incapaz de sentir tristeza.
CONDESA DE GASPARIN

Es doloroso sentir intensamente. A veces las personas que se están enamorando dicen que casi duele. De hecho, una gran variedad de sentimientos pueden perturbarnos por su intensidad y poder. A veces nuestras emociones parecen una maldición.

Pero considere a la persona que al parecer no siente tristeza. Mire su vida. No solamente está desprovista de infelicidad o desconsuelo o añoranza, sino que está desprovista también de placer y alegría. La capacidad de sentir de estas personas está anestesiada en todos los aspectos. Llevar una vida así no es una alternativa que elegiríamos libremente. Dada la opción, no elegiríamos ser "almas incapaces de sentir tristeza."

Lo mejor que puedo hacer cuando estoy atormentado por sentimientos desagradables es ponerlos en perspectiva: reconocer que son solo parte de todo el rango de emociones que tengo el privilegio de sentir. Aceptaré que debo experimentar los sentimientos más difíciles para poder disfrutar de otros más placenteros.

Un hombre del grupo de apoyo dice que está llevando un diario del duelo. Dice que esto le ayuda.

Hay un proverbio que dice que "el papel es más paciente que el hombre" . . . Sí, no hay duda de que el papel es paciente y . . . no tengo la intención de mostrarle a nadie este cuaderno de cubiertas de cartón.

ANA FRANK

A medida que experimentamos los sentimientos y reacciones que nos causa la muerte del ser amado, nos llenamos de recuerdos, deseos, sueños, fantasías, esclarecimientos, preguntas—y a veces incluso de respuestas. Lo que hemos estado guardando silenciosamente en el interior está a punto de desbordar. En esos momentos, un diario es un amigo extraordinario, un depósito para los pensamientos y sentimientos recordados así como para los que surgen a diario.

Quienes hemos escrito un diario hemos descubierto que escribir puede desempeñar un importante papel en el proceso de sanar—si lo intentamos.

Conseguiré un cuaderno que tenga el tamaño y el color indicados para mí, cuya textura y apariencia me hagan sentir que podría ser mi "confidente." Abriré la mente y el corazón al papel de una forma que no he expresado en voz alta. Me permitiré total libertad a medida que escribo, a sabiendas de que mi diario es totalmente privado. Es una herramienta para ayudarme en la recuperación.

No creo que lo que escribo tenga sentido para nadie.

No escribimos para ser comprendidos;
escribimos para comprender.

C. DAY-LEWIS

¿Sobre qué escriben los sobrevivientes? Llevar un diario, una bitácora, o como lo quiera llamar, es una forma de encontrarle sentido a las cosas, de deshacerse de sentimientos que no queremos arrastrar, o de explorar diversos hechos de la vida. Podemos formular preguntas. Podemos repasar la vida que teníamos junto al ser amado. Podemos intentar comprender aspectos de la relación. Podemos expresar nuestra gratitud. El camino a recorrer puede ser contemplado y analizado. Las opciones pueden ser investigadas—todas con lápiz y papel. Nadie más tiene que saberlo. Escribir no cuesta nada y hace posibles enormes beneficios.

Muchos sobrevivientes, especialmente hombres, han logrado procesar su pena mediante el sistema de escribir sobre ésta—no de una manera formal, sino en un diario. Muchos hombres que han estado aislados en su dolor han descubierto que el simple acto de escribir todos los días les permitió sentirse aliviados del peso de sentimientos especialmente perturbadores y dolorosos, y analizar asuntos personales difíciles.

Trataré de explorar por escrito algunas de las cosas que más me perturban, algunos de los pensamientos que me acosan aunque trate de bloquearlos. Diré lo que quiero decir pero temo decir. No me preocuparé de que todo el mundo se desintegre a mi alrededor si digo la verdad. No me preocuparé de si tiene o no tiene sentido, porque no escribiré para nadie más sino para mí.

Cuando escribo acerca de lo que me ocurrió, me doy cuenta de que describo sentimientos que me sorprenden.

A lo largo de los años he descubierto
que mi escritura es más valiente que yo.
LINDA HOGAN

Un hombre que no habiá hecho el duelo por la muerte de su hijo o de otros parientes descubrió que una vez que empezó a escribir acerca de su experiencia, describía sentimientos y relataba sucesos de una forma que antes no había considerado: "Habría requerido excesivo valor enfrentar estas cosas y hablar sobre ellas de esta misma forma cuando sucedieron. Me alegra poder hacerlo ahora."

Escribir, más que cualquier otra actividad excepto la conversación, puede conducirnos por territorios emocionales desconocidos—a través de la oscuridad y el miedo, a través de la ira y la frustración, a través de la culpa y la confusión, y muchos otros sentimientos relacionados con el duelo.

Podemos utilizar la escritura como una herramienta eficaz a lo largo de todo el proceso de duelo.

Cuando descubro que tengo miedo de algo y siento que no puedo encararlo, encontraré un lugar tranquilo para mí y escribiré acerca de mi miedo o aprehensión. Diré por qué lo siento y por qué creo que me afecta. Lo reduciré a algo inocuo mediante la palabra escrita.

No sé cómo explicar cómo me siento—preocupado, temeroso, ansioso.

La ansiedad es el miedo a uno mismo.

WILHELM STEKEL

A veces nuestros sentimientos son tan difíciles de concretar, que ni siquiera sabemos exactamente qué son o qué los causa. Quizás sintamos temor, pero desconozcamos su origen. Quizás sintamos ansiedad, pero no seamos capaces de determinar las razones. Lo único que sabemos a ciencia cierta es que nos sentimos inquietos.

La más difusa reacción al dolor es una ansiedad soterrada que parece residir debajo de la piel. Es perturbadora y nos deja perplejos y nos impide hacer cosas que tenemos que hacer. Por ejemplo, no nos deja dormir, o nos arruina el apetito, o nos vuelve muy irritables con los demás.

Este tipo de ansiedad puede ser el producto de una serie de miedos:

- El miedo a desintegramos.
- El miedo a no tomar la decisión correcta.
- El miedo a no ser capaces de terminar algo que tenemos que terminar.
- El miedo a lo que podamos decir o hacer en una situación determinada.
- El miedo a la angustia que posiblemente le estemos ocasionando a otro.

La lista podría continuar. Cuando sentimos incertidumbre y discordia interna, podemos preguntarnos si tenemos miedo de algo que está en nuestras manos cambiar. Si es así, ¿qué es? Necesitamos hablar de estos miedos con una persona de confianza, un grupo de apoyo, o un profesional competente. Estos miedos indefinidos pueden ser debilitantes y desmoralizadores, y no tenemos que padecer sus efectos.

Soy incapaz de identificar lo que me hace sentir permanentemente perturbado. Lo hablaré con alguien que me pueda ayudar a adquirir cierta perspectiva sobre mis sentimientos. No hay necesidad de vivir con sentimientos de ansiedad. Al recibir ayuda, puedo sentirme más libre, más claro y bien orientado.

Ahora vivo sin saber quién morirá y cuándo.

Si la vida fuera como la sombra que proyecta la pared,
o el árbol, pero es como la sombra del pájaro en vuelo.
EL TALMUD

Hemos aprendido que la muerte es impredecible, ilógica, injusta y traidora. No repara en la edad ni en la bondad ni en la fe. Quisiéramos que la vida fuera más sólida, más predecible, menos misteriosa en sus finales. Si la vida fuera como la sombra que da una pared o un árbol, si fuera la representación de algo sólido e inamovible, podríamos estar tranquilos. Podríamos descansar en la tranquilidad de que todo es seguro y no estamos sujetos al infortunio.

Pero si nuestras vidas no fueran como la sombra del pájaro en vuelo, no tendrían el potencial de creación, descubrimiento, exploración y amor. Pues todas estas son cualidades que hacen que la vida sea fluida y la dotan de todas sus posibilidades.

Apreciaré mi vida y las vidas de otros de una forma nueva y no invertiré tiempo y energía en desear que nuestras vidas sean sólidas, inamovibles y eternamente perdurables. Pues para que la vida fuera así habría que privarla de todas las cualidades que la hacen valiosa, enriquecedora y propicia para colmarla de profundo amor.

¡Solo quisiera que hubiera alguien a quien pudiera castigar por lo que pasó!

No conozco una situación más desagradable
que sentirse furioso en general
sin tener con quién estar furioso en particular.

FRANK MOORE COLBY

Un sobreviviente describía su emoción como una especie de zumbido que lo acompañaba todo el día. "Andaba todo el día," decía, "con un sonido como de motor." Ese ronroneo de motor es la furia. Él quería tener un blanco concreto, alguien a quien confrontar y culpar. Pero no había nadie, así que de una u otra forma dirigía su ira contra todos y todo lo que encontraba a su paso.

Vivir de esta forma es un peso innecesario para cualquier sobreviviente. Hay muchas situaciones y condiciones que exigen nuestra atención, que requieren una respuesta y un proceso de pensamiento bastante racional. Es importante recordar que la ira sirve para desfigurar otras acciones y responsabilidades que hay que mirar claramente.

Mejoraré la forma en que abordo y trato a los demás. Cuando tenga interacciones difíciles con otros, estaré alerta ante el hecho de que puede ser por causa de mi ira. Me detendré a pensar cuál es el blanco real de mi cólera. Luego me concentraré y liberaré mi enfado sin ser agresivo para quedar libre de ella y trabajar en la resolución de mi pérdida.

Me siento herido y furioso, pero me reservo esos sentimientos.

Si usted nunca se ha enojado, entonces no ha nacido.

PROVERBIO AFRICANO

A algunos sobrevivientes no les cuesta hablar sobre su enfado, mostrarlo, procesarlo o superarlo. Pero a otros los avergüenza. Hacen grandes esfuerzos para no dar ningún indicio de que están enojados.

Como lo indica el proverbio africano, si estamos vivos hemos sentido cólera. Es una de las emociones humanas más comunes. A diferencia del miedo, el amor o la alegría, el enojo es, de hecho, una de las emociones que expresan más a menudo tanto hombres como mujeres. Se podría decir que sentirse enojado de vez en cuando proviene de sentirse humano toda la vida.

Casi todos los sobrevivientes sienten cólera contra alguien o contra algo. No me avergonzaré de mi enfado. La muerte de la persona amada ha despertado en mí una cólera que no negaré. Puedo, si me apetece, irme a un lugar donde pueda estar solo y donde no moleste a nadie y gritaré hasta que mi cólera se calme. Hablaré de mis sentimientos con alguien cuya opinión y experiencia yo valore. Hablaré acerca de la expresión del enfado con los miembros de mi grupo de apoyo. Puede incluso que busque la ayuda de un profesional. Pero no trataré de fingir que no siento ninguna cólera.

Ellos son responsables de la muerte del ser amado.

Sentir ira es vengar
las faltas de otros en nosotros mismos.
ALEXANDER POPE

Quizás sintamos que lo que ocasionó la muerte del ser amado fue la negligencia, indiferencia o ignorancia de alguna persona. Nos ponemos furiosos de pensar que las acciones de esa persona no fueron reveladas, detenidas o castigadas. Sentimos que el individuo—o el grupo o la institución—es directamente responsable por la pérdida terrible que ahora debemos soportar.

A veces existe una razón justificada para la cólera. Pero lo más frecuente es que la cólera esté remplazando otros sentimientos que serían más difíciles para nosotros de aceptar—como el miedo o la desesperanza. Sea cual sea la razón de nuestra cólera, y por más justificada que sea, necesitamos reconocer que la cólera nos hace daño. Estar continuamente asediados por la cólera nos hace pasar por alto respuestas positivas que pudieran honrar la memoria del ser amado. Igualmente importante, la cólera puede ser muy perjudicial para el cuerpo. Puede hacer que nuestro estado físico—de por sí deteriorado por la pena—se vuelva aún peor. Quizás debamos ir más allá de la cólera para identificar los otros componentes críticos de nuestra pena.

Cuando me sienta dominado por la ira, me detendré, respiraré profundamente un par de veces, y me preguntaré, "Si ahora no estuviera furioso, ¿qué otros sentimientos tendría?" Reconoceré que la cólera enmascara los otros sentimientos que merecen ser atendidos y expresados.

Solo tuvimos unos días. Ojalá hubiera podido pasar más tiempo con él antes de su muerte.

No recordamos días, recordamos momentos.

CESARE PAVESE

Los recuerdos tienen una enorme importancia para todos los sobrevivientes. Nos permiten seguir adelante, nos dan fortaleza y pueden ser transmitidos a otros que también quisieron a la persona que falleció. Pero a veces perdemos la perspectiva acerca de lo que son los recuerdos. Esos momentos esenciales que recordamos con placer, ternura y devoción, u otras emociones, son aquellos en que una determinada palabra, gesto o acción se grabó en nuestro recuerdo. Como resultado, llevamos siempre con nosotros esos momentos.

Los recuerdos más preciosos de todos generalmente no cubren amplios períodos; reflejan, más bien, breves momentos que hemos seleccionado por una u otra razón a partir de segmentos más amplios de tiempo que pasamos con el ser amado. No tenemos por qué lamentar profundamente no haber gozado de días o semanas o meses para llenar el banco de los recuerdos, cuando unos cuantos instantes pueden acompañarnos para siempre.

Me sentiré continuamente alimentado por los recuerdos que tengo del ser amado—momentos seleccionados debido a su rico valor personal. Me daré cuenta de que, independientemente del tiempo que pasé con el ser amado, ahora tengo mis propios recuerdos privados y únicos que seguirán reafirmando que yo amé y fui amado.

No hice lo suficiente. Quisiera haber hecho tantas cosas mientras ella todavía estaba conmigo.

Cuando hacemos lo mejor que podemos,
nunca podemos saber qué milagro se ha
operado en nuestra vida o en la vida de otros.

HELLEN KELLER

Pocos de nosotros pensamos que hicimos todo lo posible durante la vida del ser amado. Quizás seamos críticos de nuestro temperamento o carácter, pero debemos reconocer que todos tenemos límites. Muchas veces debemos operar dentro de un marco que no es elegido por nosotros. Por lo general, casi todos tratamos de satisfacer las necesidades de un amplio rango de personas—familia, colegas, amigos y otros miembros de la comunidad. Lo más que podemos hacer es dar lo mejor de nosotros según las circunstancias en las que nos encontramos y con los recursos personales que tenemos en el momento.

Aun así, quizás nos sorprendería saber cuántos de nuestros pequeños actos o gestos y cuántas de nuestras palabras han influido sobre la vida de otra persona. Algo que dijimos o que hicimos puede haber cambiado la perspectiva de esa persona un día determinado. O quizás nuestra acción haya sido de mayor alcance, y haya influido sobre alguien para toda una vida.

Cuando me desanima sentirme poco eficaz, poco eficiente o falto de atención, y siento que le fallé al ser amado, debo reconocer que aunque quizás yo no recuerde muchas de las cosas valiosas que hice y el apoyo que presté, esas cosas no han ido al olvido en la vida de quie-

nes recibieron la bondad de mis acciones. Actué de la mejor manera posible en ese momento, y muchas veces hice más de lo que cualquiera podría haber esperado racionalmente. De hecho, algunos de mis esfuerzos, de los cuales quizás no me di cuenta, pueden haber producido efectos maravillosos a largo plazo.

¡Cuánto desearía no haber estado siempre tan descontento!

La queja es la parte más sincera de nuestra devoción.
JONATHAN SWIFT

Es fácil lamentar comentarios que hicimos cuando criticábamos fallas del ser amado y comportamientos que ahora parecen carentes de importancia. Pero mientras más cercanos seamos a otra persona, más veremos las cosas que hacen, más oiremos sus frases, observaremos sus hábitos y aprenderemos acerca de sus perspectivas y reacciones. Conocemos lo suficiente a la persona como para amarla. La conocemos lo suficiente para emitir juicios. La conocemos lo suficiente, a veces, para convertirnos en críticos.

Al amar a alguien aprendemos a conocer sus puntos débiles, y quizás aprovechemos esa ventaja a veces para remachar una idea o para lograr un propósito. De vez en cuando, quizás nos quejemos más por costumbre que por convicción. Sea como sea, la cercanía y la entrega dan pie a comentarios positivos y negativos. Y ambos son prueba de nuestra entrega.

Al recordar mis interacciones con el ser amado, es necesario que me dé cuenta de que en cualquier relación cercana existe la probabilidad de decir ocasionalmente demasiado. Existe incluso la fuerte posibilidad de decir demasiado con excesiva frecuencia. Todo eso forma parte de la familiaridad. Cuando empiezo a despreciarme porque fui crítico, recordaré las veces en que actué de manera agradable y solidaria, los gestos amorosos que hubo en mi comportamiento, las cosas que dije e hice para resaltar los aspectos positivos de nuestra relación.

¿Por qué me siento tan ambivalente? Lo amo y lo extraño, y a la vez me siento enfurecida con él.

Odio y amo. Me preguntarán, tal vez, ¿cómo puede ser esto?
No lo sé, pero siento la agonía.
CÁTULO

Extrañamos terriblemente a nuestros seres amados y, sin embargo, no logramos deshacernos de algunos sentimientos de culpa, decepción o consternación por cosas que hicieron o que asumimos que hicieron. Sentimos como si hubiera asuntos por resolver, algo que necesitamos que ellos digan o hagan para definir nuestros sentimientos hacia ellos, para que el recuerdo sea totalmente amoroso o positivo.

Pero la ambivalencia forma parte de cualquier relación humana. Gozar de una relación cercana con otro significa conocer las fallas y debilidades de esa persona así como sus fortalezas y virtudes. En la muerte, como en la vida, reconocemos ambas y aceptamos ambas.

Reconocemos que la persona a quien amamos fue una persona completa, no un santo, sino un ser humano real, falible, sujeto a todas las presiones personales y mundanas que influyen sobre cada uno y nos debilitan a todos.

No siempre nos entendíamos. Discutíamos mucho.

El amor es el crítico más frío.

GEORGE CURTIS

El amor nos vuelve críticos poderosos e implacables. Como resultado, quizás conservemos un recuerdo vívido de una escena que quisiéramos más bien borrar. O quizás batallemos en silencio con una conversación que aturde nuestros oídos y que preferiríamos no oír.

Pero el amor que permitió la cercanía, que promovió a su vez los desacuerdos, es el mismo amor que ahora pasa su cuenta de otras formas. La misma cercanía que causó enfrentamientos desagradables entre ambos también nos dio las experiencias de dicha y el amor que ahora nos causan tanta pena. La totalidad de la relación que tenemos con el ser amado conforma el todo de la experiencia, y esa experiencia completa, con todas sus facetas, es lo que hace especial el vínculo.

Anotaré cada incidente que me preocupa en este momento. Luego, al lado, anotaré uno que recuerde con agrado. Cuando haya completado la lista, tendré una prueba visual de que en mi relación con esta persona amada hubo una mezcla de sentimientos así como un rango de emociones, opiniones y opciones. Tendré frente a mí las pruebas de que nada fue del todo bueno o del todo malo.

Es como si todo lo malo nunca hubiera siquiera ocurrido.

Lo que fue amargo de soportar
puede ser dulce de recordar.
PROVERBIO

Curiosamente, a veces una relación que fue muy tormentosa—incluso odiosa en ocasiones—puede parecer agradable al mirarla con el espejo retrovisor. Para el sobreviviente de una relación que fue problemática, muchas veces esta adquiere un nuevo carácter. En realidad borramos las peores épocas y recordamos la relación bajo una luz diferente, recordando únicamente los momentos agradables.

Estas relaciones a veces son difíciles de procesar tras la muerte de la otra persona. Puede haber sentimientos ambivalentes ocultos, o arranques de culpa extrema o de remordimiento. Es bueno tomar conciencia de la totalidad de la relación. Debemos tomar en cuenta lo bueno y lo malo sin sentirnos desleales. Ninguna relación es constantemente perfecta, porque nunca dos personas son perfectas todo el tiempo. Al admitir que el ser amado fue una persona completa, con sus fallas, y que nosotros también tenemos deficiencias, empezamos a procesar el dolor de haber perdido una relación *real* y no una *imaginaria*.

Reconoceré que el ser a quien amé fue una persona real, no una deidad, que esa persona no siempre me hizo sentir feliz y orgulloso. Con estas limitaciones, tuvimos una relación y fuimos parte vital e importante de la vida del otro. Cuando siento el dolor de la pérdida, me duelo por la persona completa, la persona real. Extraño a la persona amada por lo que la hacía única y por el lugar que ocupó en mi vida.

Estoy obsesionado por ciertos recuerdos tristes. ¿Cómo puedo bloquearlos?

El recuerdo es un tesoro de la mente.

PROVERBIO INGLÉS

A veces afloran una y otra vez recuerdos desagradables en relación con la persona amada. Aunque tratamos de alejarlos, regresan de inmediato. Dado que estos recuerdos nos hacen daño, e incluso a veces nos resultan repugnantes, queremos deshacernos de ellos, pero no lo logramos.

Pero estos malos recuerdos provienen del mismo lugar donde guardamos como un tesoro los recuerdos buenos. Cuando nos sentimos abrumados por los recuerdos difíciles, por cosas en las que preferiríamos no concentramos, podemos imaginar que abrimos otro segmento del recuerdo, un compartimiento donde se almacenan todos los recuerdos buenos y ricos. Podemos imaginar que destapamos estos recuerdos, que los traemos a la superficie y los validamos. Podemos reavivar estos buenos recuerdos.

Mi memoria es un recurso rico y maravilloso que me trae grandes placeres si reconozco que guarda por igual las experiencias agradables y las desagradables. Elegiré reexaminar los buenos recuerdos que compartimos y dejarme elevar por ellos, por todos los recuerdos sobre los cuales fue construido nuestro amor.

No creo que pueda jamás perdonarla . . .

El amor es un constante acto de perdón,
una tierna mirada que se convierte en hábito.

PETER USTINOV

Amar es perdonar, porque amar a plenitud es aceptar plena e incondicionalmente a la otra persona. El amor abarca la compasión, la empatía y la comprensión. Nos provee la capacidad de entregarnos, ser leales y dar afecto. Nuestra lealtad existe incluso a pesar de acciones que nos duelen. Cuando miramos la relación, quizás encontremos alguna acción que require un perdón y una generosidad de espíritu que nos cuesta reunir. Puede haber algo que nos atormenta y que parece imposible de perdonar.

Si es así, podemos imaginar que colocamos esta acción en el contexto de toda la historia de la relación con la persona amada. Podemos mirarla como apenas un error aislado contra un amplio horizonte de acciones y hechos favorables. No necesitamos aislar ese único suceso ni concederle una importancia excesiva. Hacerlo servirá sólo para convertirlo en algo desproporcionado frente al resto de los sucesos de la vida que compartimos con el otro.

Perdonaré con la misma fuerza con la que lloro al ser amado. Así como otros me han amado y me han perdonado palabras y acciones desafortunadas, yo también perdonaré.

Es tan difícil romper los hábitos a los que me acostumbré—las cosas sencillas que hacíamos juntos, o el uno por el otro.

La costumbre no es mera subyugación, es un vínculo tierno; al recordarlos, los hábitos parecen haber sido la felicidad.
ELIZABETH BOWEN

La formación de hábitos es el resultado natural de cualquier relación perdurable entre dos personas. Los hábitos pueden presentarse en forma de pequeños gestos, palabras cariñosas o rutinas privadas. Sean cuales fueran, los hábitos proporcionan una especie de confianza. Existe un carácter predecible en la relación cuando los hábitos forman parte de esta. Cada vez que se lleva a cabo, la acción habitual verifica el vínculo entre dos personas. Cuando una persona fallece y entonces falta la palabra o el gesto habitual, su ausencia genera un vacío. Puede ser una llamada que siempre se producía a una hora determinada del día o una nota, flores u otros regalos pequeños que recibíamos regularmente. Sea lo que fuere, ahora que falta sentimos una leve y dolorosa punzada cuando nos damos cuenta de que este hábito al cual nos habíamos acostumbrado ya no está en su lugar y nunca más será compartido entre los dos.

Cuando esto ocurre, podemos recordar que, por la naturaleza misma de ese tipo de compatibilidad, disfrutamos de una relación única y preciosa. Podemos lamentar que el ser amado ya no esté con nosotros para ejecutar aquellos pequeños rituales que conformaban una porción de nuestra vida, pero a la vez reconoceremos el don que fue una relación así. Y es benéfico hablar con alguien de confianza sobre ese aspecto de nuestra pérdida, y contarle cuáles son las pequeñas cosas que más extrañamos y por qué.

Cuando me encuentro sorprendido y adolorido por la ausencia de alguna costumbre que formaba parte de mi vida con el ser amado, me tomaré unos instantes para suspender lo que estoy haciendo y recordar cada detalle de ese gesto o palabra o de la manera en que esa persona hacía ciertas cosas habituales. Y en lugar de guardármelas, compartiré los recuerdos de las cosas que más extraño con otra persona que conoció al ser amado.

Las personas me dicen que no piense demasiado en esto, que siga con mi vida.

La vida es como la música, debe ser compuesta de oído, sentimiento e instinto, no a partir de reglas.
SAMUEL BUTLER

Cada vida tiene su ritmo. A veces necesitamos ser sociales, a veces reservados. Necesitamos dar y recibir afecto a determinados intervalos. De manera semejante, nuestra pena, que forma parte de la vida, tiene su propio ritmo. Es impulsada por nuestros sentimientos y nuestras circunstancias. La duración de su expresión es guiada por nuestro instinto. Tratar de forzar la pena para que se ajuste a un marco de tiempo o a un patrón determinado, no dará resultado. Generalmente, dentro de un período razonable, habremos agotado la necesidad de hacer duelo. Hasta que llegue ese momento, escucharemos los dictados de nuestro propio corazón y no nos molestaremos ni nos ofenderemos con los consejos incómodos de los demás.

Recordaré que otros no me conocen tan bien como yo me conozco a mí mismo. Dejaré que mis necesidades y mis instintos me orienten a la par que me concentro en mi pérdida y proceso los sentimientos que dominan mis pensamientos y ocupan mi corazón.

Siento miedo.

Detrás de todo lo que sentimos,
siempre hay una sensación de miedo.

UGO BETTI

La muerte vuelve el mundo impredecible. ¿No es entonces posible, nos preguntamos, que fallezcamos o suframos daño o fracasemos? A veces tenemos miedo de hacer las cosas que hacíamos antes de que muriera el ser amado. Podemos sentir temor a conducir, a ir a lugares públicos, a subirnos al ascensor o cruzar un puente. El miedo va de la mano de la vulnerabilidad. Y la muerte nos hace sentir vulnerables a todos.

En ocasiones, cuando el miedo parece imposible de superar, cuando limita nuestra vida cotidiana, debemos reconocer que es una respuesta común a la muerte, pero no una respuesta *necesaria.* No necesitamos dejar que el miedo dicte lo que hacemos o pensamos. Podemos afrontar el miedo reconociendo los otros sentimientos relacionados, expresándolos todos y escribiendo sobre ellos.

Podemos escribir sobre nuestro miedo, investigarlo y llevarlo a su conclusión final. Si tenemos miedo de regresar a la oficina después de la muerte del ser amado, ¿qué es lo que tememos que ocurra? ¿Que la gente nos evite? ¿Que diga algo que nos haga llorar? ¿Y qué pasará si lloramos? ¿Cuáles serán las consecuencias? Al escribir acerca del miedo, lo despojamos de su poder. Lo ponemos en perspectiva.

Cuando sienta miedo, anotaré exactamente qué es lo que temo. Compararé lo peor que creo que puede pasar con lo que es más probable que ocurra.

Siento como si tuviera que mantenerme en movimiento. Me encuentro trabajando horas extras o corriendo agitadamente entre una actividad y la siguiente.

Mejor que mores en el centro de tu ser;
pues mientras más lo abandonas, menos aprendes.
LAO TZU

Una de las posibles reacciones durante el duelo es la necesidad de mantenernos en movimiento, ocupados, de pasar de una actividad a la siguiente, a veces logrando muy poco. En su versión extrema, el dolor nos puede llevar a la adicción al trabajo, a convertir el trabajo en un refugio contra los sentimientos, un lugar en el cual nos sumergimos para poder enfrentar los problemas relacionados con el trabajo y evadir el análisis o la experiencia de las reacciones relacionadas con el duelo.

No tiene nada de perjudicial comportarse de esta forma si se trata de algo temporal. Al comienzo, el escape puede salvarnos de un dolor emocional demasiado difícil de soportar, pero con el tiempo ese escape debe ser abandonado para poder procesar los sentimientos más profundos generados por la pérdida. Una vez más, hasta que el dolor sea expresado y se viva a plenitud, no puede ser resuelto.

Así que, después de un breve período durante el cual nos sumergimos en un frenesí de actividad o trabajamos duro y hasta tarde, debe llegar un momento de aterrizaje, un tiempo durante el cual podamos mirar dónde estamos. Debajo de todo este comportamiento frenético, ¿qué es lo que en realidad está ocurriendo?

¿Qué motivaciones y condiciones o pensamientos perturbadores requieren análisis?

Disminuiré la marcha y dedicaré tiempo a hacer un inventario emocional. Pensaré en cómo me siento, cuáles son mis necesidades, qué aspectos de mi persona estoy descuidando. No permitiré que el afán por mantenerme ocupado me aleje demasiado tiempo de mis sentimientos más profundos, donde resolveré el dolor.

Algo debe ocurrir. Siento como si estuviera volando en pedazos—un pedazo para un lado, otro para el otro.

No quiero localizarme únicamente según la geografía
(por más que admita su poder y su razón de ser),
o los libros o las creencias. Quiero localizarme
en cada bocanada de aire que aspiro.

PADMA PERERA

El espacio y el tiempo de los sobrevivientes han sido perturbados. El *lugar* que nos corresponde en el espacio y en el tiempo es distorsionado cuando estamos en duelo. A veces no logramos "ubicarnos." Nuestro mundo es tan caótico y confuso que es difícil concentrarnos.

Podemos cambiar estos sentimientos de fragmentación y desorientación tomando unos minutos para "aterrizar." Podemos hacer esto mediante una técnica simple de reducción del estrés. En primer lugar, debemos disminuir la marcha, sentarnos en silencio, cerrar los ojos y tratar de despejar la mente de los pensamientos que nos dominan en el momento. Entonces podemos inhalar lenta y profundamente, contener la respiración un momento, y exhalar muy, muy lentamente, asegurándonos de expulsar el aire de forma prolongada, estable y lenta, no de forma entrecortada. Hacer este ejercicio de respiración unas cuantas veces nos sirve para calmar el torbellino de pensamientos que se han estado atropellando los unos contra los otros, compitiendo por nuestra atención. El ejercicio nos permite concentrarnos bajando el ritmo corporal a una tasa normal. Nos da tiempo de tocar tierra y dejar de sentirnos fragmentados o dispersos.

Cuando me sienta especialmente tenso o desorientado, dejaré lo que estoy haciendo, entraré a una habitación donde pueda estar solo, me sentaré en una posición cómoda y haré ejercicios de respiración profunda. Lo haré al menos tres veces y hasta diez veces antes de reanudar otras actividades.

No logro ponerme en contacto con mis sentimientos.

Oímos decir "ponte en contacto con tus sentimientos"
como si estos fueran externos al cuerpo.
¿Existe acaso una parte más íntima de nuestro ser?

ANÓNIMO

Oímos hablar mucho de la necesidad de conectarnos con nuestros sentimientos, como si estos estuvieran en algún lugar apartado de nosotros mismos. Nuestros sentimientos *son* lo que somos. Toda acción importante que emprendemos está motivada por los sentimientos. Puede que no sean sentimientos positivos; de hecho, posiblemente sean muy negativos. Las acciones de ciertas personas, por ejemplo, están tan dictadas por sus temores que al parecer no tienen otra emoción importante.

Independientemente de lo que sintamos, ese sentir es el que nos hace humanos. Como sobrevivientes, necesitamos tomarnos tiempo para *reconocer* lo que sentimos, para sentarnos en silencio sin interrupciones externas y pensar en lo que realmente está ocurriendo bajo la superficie de nuestra vida diaria. Podemos concentrarnos en reconocer los sentimientos que hemos albergado desde le muerte, o en la hora que acaba de pasar, o simplemente por un momento. De esta forma podemos "ponernos en contacto" con los sentimientos más profundos, que son la base de nuestro comportamiento y de nuestra vida. Necesitamos airear esos sentimientos, respetar su existencia, y reconocer su fuerza.

Mis sentimientos no existen afuera de mí mismo como productos clasificados. Están dentro de mí a cada momento, en cada respiración. No me dejaré atrapar por la actividad hasta el punto de no saber qué pasa bajo la superficie. Me permitiré la libertad de reconocer qué es lo que estoy sintiendo. Mis sentimientos me hacen humano. Los respetaré.

Este dolor es como una cosa. Es una cosa grande, pesada y sin forma que siempre está ahí, independientemente de lo que me encuentre haciendo o en qué lugar esté.

Si se afila con constancia una barra de hierro,
se puede hacer una aguja con ella.

PROVERBIO CHINO

En nuestra mente y en nuestro corazón, a veces el dolor parece una masa enorme y crasa que nos oprime. Su propia presencia es perturbadora, porque parece impenetrable e inmanejable.

Pero esta masa de tristeza no es diferente de la barra de hierro de la cual se puede hacer una aguja. Podemos trabajar para disminuir nuestra pena cada día, limando el poder de los sentimientos y reacciones desagradables, expresándolos y liberándolos. Día tras día, podemos trabajar para reducir la pena hasta hacerla soportable. Podemos observar cómo la tristeza toma una forma menos cruda, más definida, dotada de algún propósito.

Puedo desbastar y pulir la masa de mi dolor, reduciéndolo poco a poco, liberando, reviviendo y expresando todos los componentes de mi sentimiento de profunda tristeza y desconsuelo. Antes de mucho tiempo, la masa se reducirá de tamaño. Tomará la forma de algo manejable con lo que pueda seguir trabajando. Puedo hacer de mi pena una aguja para reparar mi vida.

Quiero que las cosas vuelvan a la normalidad, que sean lo que eran antes.

Uno no puede entrar dos veces en el mismo río,
pues el agua a la que primero entró ya ha fluido río abajo.
HERÁCLITO

Tendemos a querer regresar a las cosas como eran antes de la muerte. Sin embargo, olvidamos que la "normalidad" que conocíamos, la vida que tuvimos, ya no puede ser la misma ni ser normal. La vida es fluida. Las relaciones son fluidas. Todo en nosotros está en movimiento constante. Esa es la naturaleza de la vida; no podemos albergar la esperanza de que nuestras relaciones permanezcan como una piedra, sin cambiar de forma, ni que la vida sea estática, como una fotografía que permanece así para la posteridad.

La vida es un río. Aunque estamos entrando al mismo río, no estamos entrando a la misma agua, porque la vida que vivíamos antes de la muerte ha seguido fluyendo. La vida que queda está en movimiento, habiendo sido transformada por nuestra pérdida.

Lo que hace que mi vida sea vital es su fluidez, su carácter cambiante. Sé que lo que quizás una vez parecía normal ahora es un estado que ha sido arrastrado por la corriente y ha sido remplazado por otro, que continúa en movimiento constante. Así que reingresaré a mi vida después de la pérdida sin la expectativa de que será muy parecido. Estaré preparado a esforzarme para reajustarme y adquirir una nueva comprensión.

Nunca pensé que tendría que pasar por algo así.

El acto de morir es también uno de los actos de la vida.

MARCO AURELIO

Excepto en casos en los que quisiéramos que el ser amado fuera liberado de dolores o incapacidades, la muerte siempre llega antes de tiempo. Para algunos sobrevivientes, la muerte es extremadamente prematura: un niño pequeño muere por enfermedad, un adolescente en un accidente, un padre antes de la mediana edad.

Pero aún así, el acto de morir es verdaderamente uno de los actos de la vida, pues en el momento en que nos volvemos mortales—el momento en que nacemos—ya somos candidatos a la muerte.

Muchas culturas conciben la muerte como parte de la vida, mucho más de lo que ocurre en la sociedad occidental. De hecho, hasta que nos toca personalmente, algunos vemos la muerte como algo anormal, un suceso infortunado en la vida de otros, pero nunca en la nuestra.

Es difícil incorporar el hecho de la muerte y su carácter inevitable en el marco de nuestras vidas atareadas y exigentes, rebosantes de responsabilidades, planes y personas. Sin embargo, debemos reconocer que nos movemos en un gran arco que va del nacimiento hasta la muerte y que, en algún punto de ese arco invisible, empezaremos a declinar hacia la muerte, o que quizás incluso estemos entre los que son arrastrados hacia el fin del arco con la velocidad de una estrella fugaz.

Sabemos que la muerte es lo que nos hace preciosos. Si nunca muriéramos, la vida sería mucho menos valorada. Esto no hace menos dolorosa la muerte del ser amado. Pero sí nos sirve para reconocer que aunque nos sintamos torturados y aislados por la experiencia, o sintamos que es extraño pasar por una experiencia así, el período de duelo puede también ser un tiempo de transición en el que evaluamos qué queremos de nuestra vida en el sentido más amplio.

Aceptaré mi propia mortalidad y la del ser amado y la integraré a lo que siento y hago. Esto me ayudará a apreciar cada fase de la vida en el mundo, estar en él, cada ocasión en que interactúo en mis relaciones y me ocupo de los asuntos de mi vida cotidiana.

Ahora veo todo diferente.

Las penas son nuestras mejores educadoras. [La persona] puede ver más lejos a través de una lágrima que de un telescopio.

LORD BYRON

Un padre comentaba que todo en su vida había cambiado tras la muerte de su hijo: su trabajo, sus amigos, su lugar de residencia, su impulso sexual, incluso sus intereses y metas. Esta clase de cambios no son extraños. El dolor nos hace ver la vida de forma diferente, reordenar las prioridades, interrumpir relaciones con amigos a quienes les falta generosidad de espíritu ante nuestra tragedia. Muchas veces nuestra vida se enfoca más intensamente. Hay un mayor énfasis en el sentimiento y menos en la adquisición.

Aprendemos muchísimo cuando atravesamos una pena. Nos volvemos más receptivos, más conscientes, más decididos y más agradecidos por las cualidades de otros que antes pasábamos por alto. Más importante aún, nuestra visión se expande para ofrecernos formas alternativas de vivir exitosamente la vida.

Puedo reconocer la pena como una maestra que me abre los ojos a nuevas formas de pensar y de sentir, si soy receptivo al cambio y al crecimiento.

No quiero que me digan más que el tiempo se encargará de todo.

Uno no se sana de la pérdida de un ser amado porque pase el tiempo; uno sana debido a lo que haga durante ese tiempo.

CAROL CRANDALL

El tiempo puede cumplir su función solamente si ponemos de nuestra parte. El simple hecho de esperar que pase el tiempo después del fallecimiento de un ser amado no es suficiente. Por ejemplo, un sobreviviente puede elegir empezar a beber o permanecer hasta tal punto inmerso en el trabajo que reprime todas las emociones.

Y no sanamos por estar obsesivamente activos, por pasar la vida durmiendo, por salir con veinte o treinta parejas, o por quedarnos frente al televisor durante uno o dos años. Sanamos sintiendo lo que tenernos que sentir cuando necesitamos sentirlo.

Puede ser útil pasar tiempo con otros que están sufriendo por la muerte de este ser amado, porque necesitamos estar en situaciones en las cuales podemos experimentar el placer de recordar la relación y de compartir recuerdos preciosos entre nosotros. No podemos simplemente esperar la curación de manera pasiva—o huir de nosotros mismos con la esperanza de que cuando finalmente detengamos la actividad frenética los sentimientos relacionados con el duelo habrán desaparecido como por arte de magia.

No esperaré sanar huyendo de las condiciones, reacciones y emociones que surgen como resultado de esta muerte. No permaneceré pasivo limitándome a asumir que las cosas mejorarán. Haré un esfuerzo para progresar a lo largo del proceso de duelo. Esto conllevará recordar, sentir, compartir y honrar la memoria del ser amado. Hoy haré una de estas cosas; mañana, haré otra. Y continuaré día tras día, hasta que sepa en mi corazón y en mi mente que he confrontado la parte más difícil de esta pena.

No. Él ahora no está sufriendo. La que está sufriendo soy yo.

La muerte de un hombre es más asunto
de quienes le sobreviven que de él.
THOMAS MANN

Quienes sobrevivimos tenemos que lidiar con la muerte mucho más que la persona que falleció, especialmente si la muerte fue repentina. Algunos sentimos resentimiento hacia la persona que murió. Es como si la persona amada hubiera optado por el camino más fácil y nos hubiera dejado atrás a nosotros afrontando, día a día, asuntos aparentemente imposibles.

Es natural que acá, al otro lado de la muerte, sintamos la necesidad de recriminar. Está bien que lo hagamos. Si necesitamos expresar sentimientos de abandono, podemos hacerlo. Si nos encontramos encarando lo que parecen ser tareas insuperables y quisiéramos que el ser amado estuviera acá para trabajar con nosotros en el cumplimiento de esta tarea, podemos hablar sobre esto. Es permisible tener sentimientos que se podrían clasificar como "negativos." No sirve tratar de reprimirlos.

Sé que sobrevivir a una muerte es un proceso largo y profundo. Algunos de los sentimientos que experimentaré, los pensamientos que tendré y los deseos que albergaré serán lúgubres y repelentes. En lugar de juzgarme a mí mismo por tener estas reacciones, las aceptaré como naturales pero pasajeras. Hablaré de estos sentimientos y de cualquier sentimiento de culpa que pueda tener en cuanto a ellos con personas de confianza y en el marco de un ambiente de apoyo.

Ha habido tantas muertes en mi vida.

Un hombre muere tantas veces como pierde un ser querido.

CIRO

Casi todos los sucesos importantes de nuestra vida, nuestros mayores retos, son más fáciles si nos hemos enfrentado a ellos antes. Pero este no es necesariamente el caso de la muerte. Si, por ejemplo, perdemos un ser amado al comienzo de la vida y luego otro más adelante, la segunda muerte no es menos dura por haber sufrido la primera. De hecho, puede ser más difícil debido a que la primera muerte no ha sido procesada. Las pérdidas se acumulan, especialmente si no han sido resueltas.

Por eso es tan vital que alcancemos una resolución exitosa de la muerte del ser amado. Si no lo hacemos, la muerte se apoderará de nuestra vida y la entorpecerá o la dañará. La muerte nos puede limitar hasta el punto de inmovilizarnos, o puede dar pie a comportamientos inadecuados y obsesivos, como sumergirnos enfermizamente en el trabajo. Si damos los pasos necesarios para confrontar y liberar el dolor, progresaremos hacia la restauración nuestra propia salud.

Aunque morimos un poco con cada muerte de un ser querido, también debemos vivir con el fin de seguir dando amor y cuidado.

Me daré la oportunidad de trascender la muerte interna invisible que experimento tras la muerte real del ser amado. Activa y persistentemente trabajaré en la resolución de esta dolorosa pérdida, en lugar de quedarme inmovilizado por mi propio dolor.

Le parece bien que yo . . .

Una pregunta es generalmente una afirmación camuflada.

ANÓNIMO

Tenemos muchas preguntas acerca de las diversas facetas de la pena. ¿Está bien si dejo la habitación intacta durante un tiempo? ¿Sabrá ella que fue amada? ¿Debería haber permanecido en su habitación otro rato, o más bien él esperó a que yo saliera de la habitación para morir? ¿Este dolor acabará alguna vez?

Muchas veces hacemos preguntas cuyas respuestas instintivamente ya conocemos. Quizás cuestionemos nuestro propio comportamiento, las cosas que queremos hacer, lo que sentimos hacia los demás, o los pensamientos que albergamos sobre la muerte propiamente dicha. La mayoría de las veces, la pregunta que nos formulamos es su propia respuesta. Por ejemplo, una persona que ha perdido a alguien quizás pregunte: "¿Estará bien que yo vaya al cementerio y le hable? ¿No significa que estoy loco, o sí?" Las repuestas son inherentes a las preguntas: está bien ir al cementerio y hablar con el ser amado, y no quiere decir que la persona que lo hace esté loca.

Preguntamos buscando tranquilidad. Preguntamos para escucharnos concretar una preocupación. Preguntamos para ver si logramos que nuestras opiniones sean validadas. Preguntamos para aclarar las ideas, para ventilarlas. Pero la mayor parte del tiempo ya conocemos las respuestas.

Muchas de las preguntas provienen de una fuente en lo profundo de mi ser, una fuente que también puede darme la respuesta. Cuando tengo una pregunta especialmente difícil, confiaré en que tengo la habilidad inherente y la capacidad de discernimiento para hallar la respuesta. Mis preguntas son prueba de las conclusiones reflexivas a las que he llegado, pero que todavía no he verbalizado.

El amor duele.

Del amor uno no puede escaparse sino a costa de la vida misma; y ninguna disminución de la pena justifica exiliarse del fluir de todas las cosas humanas y divinas.

FREYA STARK

A veces el amor duele. Y duele más cuando sobrevivimos a la muerte de un ser amado. En esos momentos nos miramos y nos preguntamos en qué estábamos pensando cuando decidimos amar con tal fuerza y profundidad. ¿Por qué no podemos—nos preguntamos quizás—amar como al parecer lo hacen los demás? Amar y protegernos a la vez. Amarnos a nosotros mismos excluyendo a los demás. Amar sin que nos afecte para el resto de la vida.

Pero estos amores no tendrían la calidad necesaria para valorarlos o para beneficiarnos. Así que debemos resignarnos a ser capaces de un amor que duele. Lo contrario equivaldría a marginarnos de la vida, a existir en una especie de exilio emocional, sin beneficiarnos de todas las alegrías de la experiencia humana. Nuestro amor puede ser especialmente doloroso ahora que el ser amado se ha ido, pero el hecho de ese amor es un don.

Mi amor es difícil de soportar durante este tiempo de duelo, pero sé que mi capacidad de amar con tal intensidad es un don precioso que no todos comparten. Sentiré gratitud por ese don y recordaré que es mi conexión directa a todos los aspectos más valiosos de mi vida.

Quizás amo con demasiada profundidad. Me han dicho que así es.

Los esquimales tenían cincuenta y dos nombres
para la nieve porque era muy importante para ellos:
para el amor debería haber un número semejante de vocablos.

MARGARET ATWOOD

Cuando fallece un ser amado, esa pérdida es lo más importante en el universo. Nos preguntamos por qué el mundo no se detiene ante nuestra pérdida. Notamos, durante el duelo, que al amor no se le otorga en nuestra cultura toda la importancia que merece.

El amor no se valora lo suficiente. En el Día de los Enamorados, "el amor" se encuentra por doquier, de una forma popular, aceptada. Luego, desaparece para el resto del año. Quizás notemos que alrededor nuestro el amor se asocia con la juventud, y cuando hablamos de nuestro amor en particular, a ciertas personas que forman parte de nuestra vida les resulta vergonzoso. Otros perciben nuestra preocupación con el amor como una debilidad, una falla de nuestro carácter.

Pero podemos sentirnos agradecidos de *tener* amor, de entender que el amor es la base de cualquier relación valiosa. Es la fuerza que ilumina, que nos diferencia de otros animales y permite que ingrese a nuestra vida una gracia especial.

No me culparé ni me disculparé por la profundidad y la fuerza de mi apego hacia el ser amado. Puedo reflexionar sobre ese amor con mi grupo de apoyo y con mis amistades, y no sentir vergüenza de hablar sobre el tema. Dejaré que fluya libremente en mis recuerdos, y me sentiré agradecido por amar y por haber recibido amor.

Nada a mi alrededor parece igual.

La desesperación es sencillamente una dura venda,
sobre los ojos de la esperanza.

STEVE TURNER

Cuando inicialmente nos enfrentamos a la pérdida, damos un vistazo alrededor. Nada de lo que miramos parece igual que antes. Las cosas que hemos visto toda la vida adquieren una forma diferente, pierden su color, se pierden en la distancia. Los capullos que florecen bordeando los andenes pueden parecer extraños y fuera de lugar. Es como si todo lo que una vez fuera conocido y ocupara su lugar ahora estuviera fuera de contexto. No encaja. No tiene sentido. No nos parece lo que debiera. Vemos el mundo a través de la máscara de la desesperación, en lugar de verlo con los ojos de la esperanza.

Luego, al cabo de un tiempo, los colores que nos rodean adquieren brillo. El aire parece más transparente. Los objetos recuperan su tamaño original. El paisaje habitual de nuestras vidas—las calles, las casas, los vecindarios y las tiendas—se ve más nítido. Las partes esenciales de nuestro mundo empiezan a recuperar su significado, a tomar de nuevo posesión de nuestra vida diaria. E igual sucede con las personas a quienes vemos cuando estamos en duelo. Es como si no fueran importantes, incluso como si fueran ajenas a nosotros. Luego, cuando nos sentimos mejor, los amigos vuelven a ser los amigos, los parientes entran al panorama, los colegas adquieren forma particular y merecen nuestra atención. Nos unimos de nuevo al mundo.

Mi desesperación colorea lo que pienso y siento, lo que veo y lo que pienso que veo. Influye sobre lo que elijo reconocer y lo que elijo ignorar. Me distancia del mundo al cual una vez estuve unido. Mi desesperanza actúa como una dura venda. Me quitaré esa venda y miraré con ojos nuevos todo lo valioso, hermoso, amoroso y divertido que me rodea. Permitiré que todo eso vuelva a entrar en mi vida para ser parte de estas cosas como ellas son parte de mí.

Extraño la forma en que ella me hacía sentir respecto a mí mismo.

En última instancia,
el amor es la aprobación de uno mismo.
SONDRA RAY

Cuando otra persona nos ama, afirma para nosotros nuestro valor. Nos hace sentir especiales. Ser amado es ser aceptado, ser estimado, significa que alguien nos aprueba y nos considera su tesoro.

Como consecuencia, cuando fallece el ser amado, parte de esa aprobación se desvanece. Dependiendo de la vida que llevemos y de la cantidad de personas que amemos y que nos amen, el impacto de ese cambio puede ser de poca magnitud, o puede ser devastador. Quizás sintamos que ya no somos importantes para nadie y que nadie en realidad ni nos necesita ni nos quiere.

Al reconocer que estoy sufriendo de falta de autoaprobación, puedo enfrentar mejor este sentimiento. Puedo buscar el apoyo de otros que me quieren, aunque no será de la misma forma en que lo hacía el ser amado que perdí. Fortaleceré los lazos que tengo y estaré abierto a los demás. Pues para llegar a un equilibrio y llenar poco a poco el vacío que en mi ser ha dejado la muerte del ser amado, necesito dar y recibir.

En ocasiones me pregunto qué recibía ella de mí.

Es posible dar sin amar,
pero es imposible amar sin dar.
AMY CARMICHAEL

Quizás el ser amado nos demostró su amor de una forma diferente a la nuestra. Ahora, al reflexionar sobre esto, nos preguntamos si alguna vez demostramos amor de la forma que era más importante o necesaria, o de una forma que fuera valorada por el ser amado. Quizás repasemos esa pregunta una y otra vez en la mente.

Pero la respuesta es que realmente no podemos amar sin dar, y que nuestras formas de dar quizás no sean semejantes a la manera en que otros comunican sus emociones. Nuestra forma es exclusivamente nuestra. Nuestras acciones provienen del corazón. Debemos confiar en que, aunque no pensemos que hicimos lo suficiente, nuestras expresiones de entrega y dedicación fueron comprendidas por el ser amado.

Reconozco que no es posible amar sin dar, y que en efecto sí di. La forma en que me daba al ser amado era mi propia forma—una expresión individual de mi propio carácter y personalidad. No existen dos personas que expresen el amor de la misma forma. Mi forma era la mejor para mí en ese momento. Sé que mi amor no fue invisible y que mi ser amado lo vio y lo sintió.

No creo poder soportar este dolor emocional. Es demasiado para tolerarlo.

Ninguna emoción, como sucede con la ola,
puede retener largo tiempo su propia forma individual.
HENRY WARD BEECHER

Las grandes oleadas de emoción que sentimos mientras tratamos de afrontar la muerte a veces parecen abrumadoras. Es como si estas emociones tan fuertes fueran a ahogarnos. Cada parte de nosotros puede sentirse consumida por un poderoso sentimiento que nos inunda—a veces sin advertencia previa. ¿Qué podemos hacer—nos preguntamos—para escapar de estos momentos dolorosos?

Podemos recordar que las emociones son realmente como las olas. Nos inundan, y al retirarse se llevan parte de la tristeza y la desesperanza y la profunda nostalgia. Regresan y regresan de nuevo hasta que un día vemos que esos sentimientos dolorosos han cedido, se han diluido y que ya no nos inundan de la misma forma.

Cada vez que me enfrente a una oleada de profunda tristeza, de desesperanza, de anhelo que se apodera de todo mi ser, recordaré que es la misma ola que a la larga ayudará a disminuir mi dolor. Las olas entran y me cubren, pero no me ahogan. Cada ola de emoción, de hecho, sirve para sanarme.

A veces siento como si hubiera gastado todo mi valor.

El valor es como un delicado gato blanco acurrucado
sobre la nieve. Cuando la criatura finalmente se mueve,
hay un momento de sorpresa o incredulidad
seguido por el deleite y la gratitud.

CAROL PASCOE

Superar el dolor de perder a un ser querido requiere de una gran dosis de valor—no del tipo de valor que exige ser estoicos y ocultar los sentimientos, sino del tipo de valor que se necesita para ser estoico y *sentir* los sentimientos. Durante el proceso de duelo, el valor es esa cualidad que no permite que las emociones huyan a esconderse, que no nos impide hablar, que no nos exige "mantener las apariencias."

A veces sentimos que sencillamente nos falta el valor, que estamos cansados de vivir el dolor y de sentir los sentimientos y de contar las historias. Pero es porque la fortaleza que creemos que nos ha abandonado está sencillamente acurrucada contra el trasfondo frío e incoloro de la pena. Siempre está allí, incluso cuando su presencia no sea discernible.

Tendré fe en mi propio valor, a sabiendas de que me acompaña todos los días, esperando y mimetizándose con el fondo de todo lo que hago. Aun cuando no lo veo agitarse o no creo que esté allí, no me ha abandonado.

Parece como si en la vida hubiera mucha más infelicidad que felicidad.

Años enteros de alegría se escapan inadvertidos,
mientras que la pena cuenta los minutos a su paso.
WILLIAM HAVARD

Las experiencias positivas que vivimos con el ser amado, los recuerdos más agradables y amorosos, parecen casi inexistentes comparados con nuestro sufrimiento. En realidad, las épocas buenas, las épocas gratificantes, las épocas llenas de amor que muchas veces vivimos *sí existieron;* pero en el esfuerzo por procesar los sentimientos de pérdida tras la muerte, la pena nos consume a tal punto que arrasa con el pasado. La pena disminuye la marcha del tiempo a paso de tortuga y nos exige mucho, minuto a minuto y día a día.

Aunque la tristeza que sentimos nos dé la sensación de que la vida se mueve a un ritmo dolorosamente lento, tenemos que tener fe en que, a medida que el dolor disminuya, recuperaremos nuestro ritmo. Retornaremos a áreas de la vida que temporalmente habíamos dejado de atender o abandonado. Cuando esto suceda, veremos que no todos los días son una prueba de angustiante resistencia, sino que hay días que son normales, que tienen un comienzo, una mitad y un final.

Al avanzar en medio de mi pena, mi vida empezará a recuperar su ritmo normal. Los días y las noches que ahora se hacen más largas por la pena, gradualmente recuperarán su duración verdadera. Haré un espacio en mi día para recordar los días alegres, los días amables, los días que compartí con el ser amado que me proporcionan recuerdos y me alimentan.

No entiendo qué pasa con Dios.

Dios y el demonio estaban muy lejos.
Yo solía orar, arrodillada frente a la ventana . . . ahora
rara vez oraba . . . pero aun así me arrodillaba
frente a la ventana abierta y miraba y me preguntaba.

JEAN RHYS

Es difícil saber dónde está Dios, por qué Dios permite que ocurran ciertas cosas, si existe un Dios, a dónde van las personas cuando mueren, si hay un castigo o un premio, o qué nos ocurre a todos. Algunos tenemos convicciones firmes que nos guían. Otros tenemos muchas preguntas que se quedan sin respuesta. Y muchos seguimos "mirando y preguntándonos," como hacía Jean Rhys.

Como dijera un doliente, duele ser "defraudado por Dios." Lo único que podemos hacer para superar esta decepción es utilizar los recursos humanos para acercarnos en la medida de lo posible a la comprensión. Podemos lograr esto de varias formas—hablando con clérigos, leyendo para buscar esclarecimiento espiritual o hablando sobre nuestras preguntas filosóficas con miembros de nuestro grupo de apoyo. Estos pueden ser pasos constructivos que nos alejan de la desesperación y la duda.

Al igual que muchos, cuestiono a Dios. Algunas de mis creencias han sido destrozadas. En lugar de repasar mentalmente una y otra vez las mismas preguntas, hablaré sobre estos asuntos con alguien que tenga interrogantes similares y que esté bien calificado para ofrecer orientación y ayuda. O quizás elija leer sobre asuntos espirituales y filosóficos y explorar estos temas. Aunque necesito reconciliarme con el hecho de que nunca tendré todas las respuestas que quisiera tener, seguiré buscando la paz y la comprensión interior.

No quiero que la gente me hable de Dios. El ser que amé ha fallecido y eso es lo único que sé.

Trate con delicadeza la fe del otro; no tiene sino
eso con qué creer. Su mente fue creada
para sus propios pensamientos,
no para los suyos o los míos.

HENRY HASKINS

Como dolientes, oiremos hablar mucho de Dios. No solamente escucharemos los pareceres de los demás, sino que oiremos cuestionar los nuestros. Quizás resulte ser una verdadera agonía tener que oír explicaciones y expectativas y deliberaciones, a menos que coincidan con las nuestras. En estas situaciones, añoramos encontrar una salida. No sabemos qué hacer o decir. (Sabemos qué *nos gustaría* decir o hacer, pero no nos atrevemos.)

Pero es importante, aun en medio de la incomodidad o el estrés, tratar con delicadeza la fe de la otra persona, reconocer que es todo lo que esa persona tiene "para poder creer." No tenemos que escuchar si no queremos, pero no necesitamos restarle importancia a la fe de la otra persona. Sus pensamientos quizás no coincidan con los nuestros, pero eso no significa que no tenga el derecho a pensarlos.

Cuando surgen discusiones en las cuales no me sienta a gusto, me alejaré silenciosamente de la situación. No necesito entrar en una discusión en la que no creo, pero sí debo recordar que para la otra persona su fe es todo lo que tiene para poder creer. Esa persona merece tener derecho a vivir con esa fe, y yo respetaré ese derecho.

Detesto la forma en que ahora tengo que vivir. Me enfurece.

Es mejor encender una vela que maldecir la oscuridad.

PROVERBIO CHINO

Estamos solos y nos duele y nos enfurece, pero no hacemos nada para romper el ciclo de la infelicidad. Nos alejamos de las ofertas de ayuda, de amistad y de compañía de modo que hacemos que nuestro mundo inmediato parezca más desolado de lo que realmente es. Luego maldecimos la oscuridad a la cual nosotros mismos nos hemos confinado.

Deberíamos, más bien, crear para nosotros una chispa, hacer algo que ilumine nuestros largos y difíciles días. Necesitamos hacer un esfuerzo consciente y decidido para acercarnos a otros e invitarlos a entrar en nuestra vida, para crear un ambiente acogedor en reemplazo de un ambiente de cólera y amargura. Tras perder a un ser amado, ciertamente tenemos razones para estar enojados y sentir amargura, pero no podemos permitir que estos sentimientos dominen nuestra vida y la oscurezcan aún más.

Recordaré que soy capaz de producir luz para mi propia oscuridad. Lo haré hoy mismo, respondiendo a un gesto amable, invitando a alguien a pasar un rato conmigo, llamando por teléfono a alguien que considere importante para mí, o escribiendo una carta a un amigo cercano o a un ser querido. No me dedicaré a ensanchar ni a perpetuar la oscuridad en la cual he estado viviendo.

Me cansé de tratar de ser todo lo que supuestamente debía ser. Caí en una depresión extrema.

Estoy cansada no solo de ser una buena persona,
sino de ser persona.

HARRIET JONES

Para algunos dolientes, la pena es algo que va más allá de la tristeza; produce una depresión profunda. Durante esta depresión, la vida parece demasiado problemática. La tarea más pequeña parece insuperable. Nada nos interesa. No queremos tener que pensar o actuar—o incluso *ser.*

Podemos afrontar casi todas las reacciones a la pérdida. Podemos hablar de algunas o escribir sobre ellas para ponerlas en perspectiva y liberarnos de ellas. Pero con la depresión no funciona así. Los sentimientos prolongados de desesperanza no pueden ser ignorados. Cuando sufrimos a causa de estos sentimientos, debemos acudir a la ayuda de un profesional, tener alguien que nos acompañe en los tiempos más oscuros, que nos enseñe las destrezas necesarias para superar estos sentimientos—o incluso la ausencia total de sentimientos. Cuando padecemos una depresión, encerrarnos es destructivo y no debemos hacerlo.

Si no siento que estoy mejorando, si me cuesta sostener un patrón funcional de vida, si he tenido dificultades severas para dormir durante varias semanas o me falta el apetito o la inspiración para hacer cualquier cosa, debo buscar ayuda. No puedo simplemente esperar a mejorarme. Debo reconocer que he pasado de la pena y la tristeza y ahora he caído en la depresión y que me convendría que un profesional me escuche y me hable sobre la forma en que me siento. Lo haré, no solamente por mí, sino por quienes me rodean.

Me siento como un anciano.

¿Cuántos años tendría, si no supiera cuántos años tiene?

SATCHELL PAIGE

Sobrevivir a la muerte de un ser querido nos hace sentir viejos a todos. Los niños pequeños que pierden a uno de los padres se sienten viejos antes de tiempo. Los padres que pierden hijos sienten que tienen más años de los reales. Una persona que pierde su cónyuge envejece más allá de sus años. Así como la enfermedad nos hace sentir siempre mayores de lo que somos, el malestar emocional nos hace sentir de la misma forma.

Al comienzo, este "envejecer instantáneo" es algo con lo que vivimos. Luego, al cabo de un tiempo, las partes esenciales de nuestra vida empiezan a ocupar su lugar correspondiente. Parece que sí hay futuro, y tenemos la opción de tener los años que en realidad tenemos. No necesitamos percibirnos como desesperadamente viejos antes de tiempo. Más bien, podemos elegir reanudar la vida con la determinación de generar una energía personal que en lugar de hundirnos nos haga salir a flote.

Sobrevivir a la pérdida de mi ser amado me ha hecho sentir viejo y cansado. A veces me hace sentir como si fuera totalmente incapaz de hacer las mismas cosas de antes. Pero estos sentimientos no son realistas y no me ayudan a sanar. Reconoceré que tengo control sobre cómo actúo y sobre la edad que siento tener. Empezaré deliberadamente a infundir mi vida con energía renovada en lugar de ceder a la tentación de sentirme desesperadamente viejo.

Ay, es demasiado tarde en mi vida para eso.

Un niño necesita hacer un castillo de arena aunque no tenga sentido hacerlo. En la vejez, con solo unos pocos granos de arena, uno tiene las mayores posibilidades.

SAMUEL BECKETT

Independientemente de la edad, muchos sobrevivientes expresan la creencia de que es *demasiado tarde*. Demasiado tarde para cambiar algo en nuestra vida, demasiado tarde para intentar algo, demasiado tarde para expresarnos, demasiado tarde para acercarnos a alguien que una vez conocimos y cuya compañía disfrutamos. Demasiado tarde para una serie de cosas.

Pero, ¿qué quiere decir en realidad demasiado tarde? Puede significar que ha pasado mucho tiempo desde cuando empezamos a pensar por primera vez en hacer un cambio o en actuar. Podría significar que no creemos ser capaces de producir una determinada acción, pensamiento, obra o lo que sea.

Para probar si haremos algo y si somos capaces, debemos hacernos las siguientes preguntas: ¿Creo sinceramente que hacerlo tendrá un impacto positivo—por pequeño que sea—sobre mi vida o la de otro? ¿Es físicamente posible para mí hacerlo? ¿Cuento con una visión de lo que quiero lograr?

Si podemos responder estas tres preguntas, seremos capaces de empezar a trabajar para lograr el cambio que visualizamos. No tenemos que esperar, como lo expresaba un doliente, "hasta que me vuelva más joven." Podemos empezar ahora reconociendo nuestros propios poderes y posibilidades.

Reconoceré que las posibilidades de mi vida han sido depositadas en ella por una persona, y esa persona soy yo. Al declarar ante mí mismo que es demasiado tarde para hacer algo, lo que me estoy diciendo en realidad es otra cosa. Si de verdad quiero hacer algo, decir algo, lograr algún cambio en mi vida, analizaré qué es exactamente lo que quiero decir con "demasiado tarde." Luego, desarrollaré un plan concreto para combatir esas limitaciones autodestructivas que me he impuesto. Puedo hacer y haré las cosas para las que una falsa conciencia me dice que es "demasiado tarde" para hacer.

Quiero darme por vencido.

El valor es como el amor; debe alimentarse de esperanza.

NAPOLEÓN BONAPARTE

¿De dónde sacamos el valor que necesitamos para continuar? Cuando sentimos que quisiéramos darnos por vencidos y dejamos que la situación nos domine, ¿cómo podemos llegar más allá de la desesperación y la resignación? La respuesta es que el mismo hecho de que sintamos la pérdida, de que la procesemos en lugar de evadirla o ignorarla, el hecho de que la estemos enfrentando en lugar de fingir que no está allí, es una importante razón para tener esperanza. Porque a medida que vivimos la profundidad de nuestros sentimientos, a medida que analizamos nuestra pérdida y todo lo que significa para nosotros, estamos ascendiendo y progresando en el proceso de superar la pena. Estamos saliendo hacia la luz.

Cuando todo parece desesperanzador, recordaré que hago progresos en el proceso de duelo, que estoy procesando la pérdida, que mis sentimientos más perturbadores me pueden ayudar a superar la pérdida sufrida. Ya he tenido el valor de encarar mi situación de permitirme ser vulnerable. Me tranquilizaré asegurándome que este es el camino para salir de los tiempos más difíciles de mi vida y que, al cabo de un tiempo, el dolor empezará a ceder. A lo largo de los días por venir, mi sensación de esperanza, ahora prácticamente una llamita que se extingue, se hará más brillante y más grande, y dará calor a mi vida así como ha dado calidez a la vida de innumerables dolientes que me han precedido.

Me canso mucho de tener que aparentar y decir que estoy bien cuando en realidad no lo estoy.

Conténtese con parecer lo que verdaderamente es.

MARCIAL

Cuando otros nos preguntan cómo estamos, seguramente respondemos con un "bien, gracias," o algo por el estilo, aun cuando sentimos una tristeza profunda, nostalgia o desesperación. Independientemente de nuestros verdaderos sentimientos, estamos condicionados a dar una respuesta positiva, y muchas veces estamos tan preocupados por cómo responder a la pregunta de forma cortés y socialmente aceptable que no buscamos apoyo ni compañía cuando más la necesitamos.

Cuando alguien nos pregunta cómo estamos y sabemos que esa persona es lo suficientemente cercana o nos quiere lo suficiente para escucharnos o ayudar de forma real y práctica, necesitamos hacerle saber a esa persona cómo nos sentimos. Podemos comunicarle que nos sentimos solos o tristes, o que no estamos durmiendo bien, o cualquier otra cosa. No tenemos que tratar de ocultar los sentimientos o el verdadero estado de nuestra mente.

Sé que hay personas que me apoyarían y me ayudarían si yo abandonara las formalidades y les hiciera saber cómo me siento realmente. Necesitan recibir de mi parte una señal para poder entrar al círculo de mi dolor. Así que trataré de parecer lo que realmente soy. Al hacerlo, mis contactos con los demás tendrán mucho mayor significado, y me procuraré mayor apoyo.

Me cuesta mucho estar en público.

Cuando uno finge, todo el cuerpo se rebela.

ANAÏS NIN

Al intentar regresar al trabajo o a la vida social, o sencillamente salir de la casa para hacer diligencias, posiblemente sentimos que debemos caminar con la cabeza erguida y con una actitud de valentía. Hablamos de cosas que no nos interesan, en lugar de hablar acerca de lo que nos agobia el corazón y la mente. Aceptamos, con reticencia, hacer cosas que no nos interesan en lo mínimo.

Todo esto consume gran energía. Pero también tiene otra consecuencia. El cuerpo está bajo un gran estrés durante el procesamiento de la muerte del ser amado. Tratar de crear y mantener una falsa apariencia contribuye a ese estrés. Y el estrés, desde luego, se manifiesta de muchas formas por todo el cuerpo—en dolores de cabeza, erupciones de la piel, insomnio, trastornos digestivos, incapacidad para concentrarse, y deseos de estar siempre en movimiento. Quizás también nos resfriemos con mayor frecuencia o sintamos dolores inesperados en diversas partes del cuerpo.

Uno de los gestos más bondadosos hacia nosotros mismos consiste en comportarnos, dentro de lo posible y razonable, de acuerdo con nuestras necesidades y deseos más profundos. Podemos reducir enormemente el tiempo y el esfuerzo que invertimos en lo que parecen simples requisitos sociales.

No me forzaré a estar en situaciones falsas ni me exigiré comportarme de una forma que difiere radicalmente de mi ser verdadero. Me cuidaré de no forzar ciertas acciones o respuestas, independientemente de la presión que sienta de hacerlo. Mi ser, mi cuerpo, ocupa el primer lugar, y necesito recordar que mi cuerpo se rebela contra el fingimiento.

No me gusta depender de los demás. Me ofrecen ayuda, pero no quiero molestarlos.

La mano que da, recoge.

PROVERBIO ALEMÁN

La independencia y la autosuficiencia son grandes cualidades, pero durante la pena no es necesario reforzar esas cualidades. Es más importante reconocer lo que necesitamos emocionalmente que ver con cuánto éxito logramos sufrir solos. Hay épocas especiales en las que debemos aceptar ayuda, depender de otros si es necesario, "molestar" a otros en busca de apoyo.

Si nos sentimos incómodos o inseguros de permitir ayuda a otros, podemos reconocer que su ayuda no solamente es un don para nosotros, sino hasta cierto punto un regalo para ellos mismos. Es una forma en que ellos puedan deshacerse de su sensación de impotencia cuando se enfrentan a nuestro duelo.

Pediré y aceptaré ayuda cuando más la necesite. Si necesito hablar con alguien, si necesito ayuda con una diligencia o un consejo, la pediré. En lugar de preocuparme por no ser un peso para otros, recordaré que la persona que ayuda también recibe. Me recordaré a mí mismo que la mano que da también recoge.

Estoy cansado de que la gente me aconseje ser valiente. No saben lo que estoy viviendo.

Es fácil ser valiente desde una distancia segura.

ESOPO

Muchas personas bien intencionadas dicen cosas que nos hacen sentir peor en vez de mejor. Por ejemplo, nos conminan a ser valientes—a reemplazar la pena por el valor. Las personas que nos conminan a convertir el valor en la prioridad absoluta son por lo general aquellas que no tienen mucha experiencia en lo referente a perder a un ser amado. Ofrecen su consejo desde una distancia prudente a nuestra experiencia.

De hecho, no es buena idea tratar de anteponer el valor a todo en un proceso de duelo. No existe ninguna ley que diga que en la vida uno siempre deba ser valiente, pase lo que pase. A veces el amor es más importante. A veces cuidar a otros es más importante. A veces mantenernos alejados de algo es más importante. Y a veces el dolor es más importante.

Es cierto que la pena requiere valor, pero lo requiere en conjunción con otros comportamientos. En primer lugar, debemos atender nuestras propias necesidades emocionales. Si necesitamos llorar, es eso entonces lo que debemos hacer. Si necesitamos pedir ayuda o hablar acerca de la pérdida, también eso es lo que debemos hacer.

El valor es necesario para sobrellevar todo el proceso de duelo; pero el tipo de valor que se lleva por delante todo lo demás solo servirá para coartar todas las demás respuestas y condiciones necesarias relacionadas con el duelo.

Cuando las personas me dicen que sea valiente, recordaré que mi responsabilidad primordial hacia mí mismo es hacer el duelo por el ser amado de la forma que se ajuste a mi carácter y personalidad—así como seguir las inclinaciones razonables que siento. Escucharé mis propios consejos por encima de los consejos de quienes no han tenido la experiencia de la muerte de un ser amado.

Quiero estar solo y tranquilo. No quiero estar donde haya mucha conversación o ruido.

Todas las cosas y las emociones profundas
están precedidas y asistidas por el Silencio.
HERMAN MELVILLE

Mientras procesamos la pena, seguramente querremos estar en silencio, estar solos gran parte del tiempo, reflexionar sobre nuestros más profundos pensamientos y deseos, y evitar conversaciones superficiales. Este período de silencio nos permite explorar formas de sentir y pensar acerca de la pérdida; nos permite pensar acerca de nosotros mismos y de lo que necesitamos, deseamos y anhelamos. De cierta forma, este período de silencio funciona como una especie de serena reabsorción de los sentimientos y las energías.

Puede servir, además, como un período de crecimiento durante el cual podemos analizar la relación con el ser amado y, luego, centrarnos para decidir cómo seguir adelante, cómo surgir de la crisálida de la tristeza para poder funcionar en el mundo. Esta clase de silencio curativo y productivo es importante y aceptable.

A la vez, debemos reconocer que el silencio prolongado, el silencio que se convierte en una forma de vida, no es bueno. Aunque necesitamos darnos tiempo para estar en paz y hacer introspección, sería poco sensato y saludable permitir que un tiempo así se prolongara indefinidamente.

Mi silencio es un tiempo para escucharme a mí mismo, para disfrutar la calma, para centrarme en mis más profundos pensamientos, necesidades y deseos. Consideraré mi silencio como una pradera dentro de mi mente, a la cual puedo salir y en donde puedo disfrutar la privacidad y la belleza que me ofrece.

Cuando estoy solo, estoy todo el tiempo repasando las mismas cosas.

Cuando uno está solo, la imperfección debe
ser soportada cada minuto del día.

FRANZ KAFKA

La soledad tiene sus beneficios, pero también tiene sus inconvenientes. Podemos estar plagados de pensamientos que no nos dejan en paz, imágenes que repasamos una y otra vez, conversaciones que seguimos rememorando, y otros pensamientos y sentimientos dolorosos que persisten independientemente de cuánto nos esmeremos en deshacernos de ellos. Nos cuestionamos. Nos condenamos. Condenamos a otros. Todo lo que entra a nuestra mente es un tormento. Sin embargo, no logramos liberarnos de nuestros pensamientos.

Cuando no logramos deshacernos de estas elucubraciones o autocríticas y otros pensamientos semejantes, podemos diluirlos hablando con otra persona acerca de estos, preferiblemente con un profesional que tenga interés en ayudarnos o con un amigo comprensivo y de confianza que también haya pasado por una experiencia semejante. Si sentimos que no logramos hablar sobre los pensamientos que nos asedian, podemos escribirlos en detalle, describiendo las heridas, la culpa, la confusión, la indignación o lo que sea. Mientras más detallada sea la descripción y más poder le adjudiquemos en el papel, menos poder tendrá para perturbarnos.

Me liberaré de las fuentes de dolor y angustia que me inundan, especialmente cuando estoy solo. Hablaré o escribiré sobre éstas, y al hacerlo disminuiré su capacidad de dominar mis pensamientos.

Es difícil de explicar. Es como si estuviera avergonzado de la muerte.

Sentía lo que considero que acompaña a la desesperanza total, una sensación de desfiguramiento, mortificación, vergüenza.

ELIZABETH BOWEN

La pérdida de un ser amado puede en ocasiones producirnos sensaciones físicas—como si nos hubieran amputado una parte del cuerpo. La muerte puede también producirnos sentimientos de horror o de vergüenza. Especialmente en el caso de los niños, la muerte lo hace sentir a uno avergonzado y diferente.

Estos sentimientos son muchas veces reforzados por la sociedad en la cual vivimos. La muerte provoca sus propias reacciones en quienes nos rodean y, a su vez, esas reacciones intensifican nuestra vulnerabilidad y nuestros temores. Quizás sintamos que otros nos tienen miedo, o nos tratan de forma condescendiente o nos aíslan. Pero debemos reconocer que aunque la muerte nos causa una herida indescriptible y nos hace diferentes de aquellos que no han padecido una pérdida, no debemos estar avergonzados de la muerte. A la larga, tocará las vidas de todos aquellos que ahora actúan como si fueran inmunes.

Si bien es cierto que a veces me siento como si hubiera perdido un miembro de mi cuerpo, o sufro la muerte como un estigma o como una vergüenza, reconoceré que estas reacciones son temporales y poco realistas. Me concentraré en mí mismo como un todo, en la persona completa que he sido y siempre seré. La pérdida del ser amado me ha afectado profundamente, pero me daré tiempo para sanar, manteniendo la fe en mi regreso a la integridad.

Rehúso ir a reuniones o fiestas, o incluso a la gasolinera.

La pena es un estado muy antisocial.

PENELOPE MORTIMER

Un padre decía que antes de la muerte de su hijo solía salir de su casa con frecuencia para hacer diligencias; paraba a hablar con su vecino en la esquina. Participaba en asuntos comunitarios y asistía a innumerables reuniones. Una vez a la semana, disfrutaba de salir a cenar con su esposa. Los fines de semana, solían acampar con otras parejas. Pero tras la pérdida del hijo, su comportamiento cambió. No se sentía en absoluto sociable. Y dado que administraba su negocio desde la casa, le resultaba más fácil permanecer recluido. "Ya no salgo de casa," decía. "A menos que sea absolutamente necesario. Y por lo general, me aseguro de no tener que salir."

Todos los dolientes tienden a evadir las reuniones. No queremos que nos miren. No queremos tener que ocultar los sentimientos. No queremos escuchar conversaciones que nos parecen insulsas. No queremos tener que tratar de concentrarnos en algo que no nos interesa en absoluto. Y entonces, de vez en cuando, nos sentimos culpables por ese comportamiento antisocial, o quisiéramos ser capaces de modificarlo.

Pero la pena es antisocial y está bien retirarnos a nuestra privacidad individual mientras trabajamos en la resolución de la pérdida. Evitar reuniones públicas es una reacción natural que puede durar hasta un año. Solo cuando el período de duelo desemboca en total aislamiento—o aislamiento prolongado—es que debemos preocuparnos, y entonces sería sensato hablar sobre nuestros sentimientos con un profesional que pueda ayudarnos.

Si no quiero aceptar invitaciones de amigos bien intencionados, no tengo que hacerlo. Puedo negarme cortésmente sin sentirme culpable. No tengo que inventar excusas. Puedo simplemente decir que no puedo asistir. Tengo el derecho a retirarme durante un tiempo, hasta que me sienta más cómodo en compañía de otros, tenga un mejor nivel de energía, y ya no tema ser demasiado vulnerable. Pero entiendo que, por el bien de mi salud emocional, no debo aislarme totalmente durante este período y que éste debe terminar en un lapso razonable.

Quiero estar acompañado, dejar partir el dolor, pero pienso que se me ha olvidado cómo se hace. Ya ha pasado un año.

Fuera de nuestros mantos privados de dolor, la vida enciende
antorchas, canta canciones, nos invita con todos
sus sentidos para hacernos salir.
A la larga debemos abrirnos: participar.

ESTEBAN ALVISO

Al cabo de un período de doloroso aislamiento—que puede haber sido absorbente y prolongado—es necesario probar las aguas del mundo externo. Esto significa aventurarse a salir al menos por breves períodos para observar o participar en alguna actividad de la que alguna vez disfrutábamos. Cenar con un amigo. Ir al cine. Dar una larga caminata. Ir a algún lugar a escuchar música. Asistir a un evento deportivo. Visitar a los amigos. Mirar vitrinas. Asistir a una conferencia o un concierto. Buscar afecto. Si vivimos solos, podemos empezar pidiéndole a un amigo que se reúna con nosotros para tomar café, charlar y ponernos al día de los sucesos de la vida del otro. Aunque quizás sería mucho más fácil permanecer aislados, es crucial que tratemos de salir.

Salir de nuestro envoltorio de dolor, aunque sea por un momento, significa arriesgar la seguridad emocional y permitirnos ser vulnerables. Quizás digamos que no somos capaces. Quizás digamos que no queremos o que tenemos miedo de arriesgarnos. Hemos estado aislados tanto tiempo que no recordamos la certeza de dar un paso tras otro, de confiar en que podemos emprender el camino y *llegar.* Pero podemos hacerlo. Quizás sintamos que nos falta equilibrio, pero con el tiempo cobraremos confianza y obtendremos un beneficio de todas aquellas cosas de la vida que nos invitan.

Ha pasado mucho tiempo desde que he tratado de salir, de hablar con la gente, de participar en cualquier actividad. Ahora prometeré aventurarme a salir. No necesito ir a un lugar que, debido a la aglomeración, los ruidos o las exigencias sociales, represente una gran dificultad. Elegiré algo bastante simple que he disfrutado en el pasado. Lo programaré ahora, reservaré la fecha por escrito y me comprometeré a hacerlo.

No quiero estar con ella. No entiende en absoluto.

La soledad es soportar la presencia de
una persona que no entiende.
ELBERT HUBBARD

Quizás nos sorprenda la falta de comprensión de una persona que pensábamos era muy cercana en su amistad. Queremos desesperadamente que esa persona sepa cómo nos sentimos, que nos dé la clase de respuestas que necesitamos, que nos consuele de la forma que apreciamos más. Sin embargo, esa persona en quien teníamos tanta confianza parece no entendernos en absoluto. Esto genera en nosotros una gran soledad—la soledad que proviene de enfrentarnos a algo difícil sin la ayuda de la persona que elegiríamos como aliada, como apoyo, como ayuda.

Cuando esto sucede, podemos agravar la situación tratando de explicar repetidamente nuestros sentimientos. (O nos cansamos de esperar que esa persona de repente "capte" nuestro dolor.) Necesitamos aligerar la situación reduciendo las expectativas cuando vemos a esa persona, y no tratar de establecer un vínculo emocional o psicológico. Es un desperdicio de energía. Necesitamos rodearnos de aquellos que entienden incluso si los hemos conocido recientemente como, por ejemplo, las personas que hemos conocido en grupos de apoyo.

Abandonaré las expectativas que no se están cumpliendo. No continuaré prestándome a lo que no quiero al continuar en presencia de una persona que no comprende lo que estoy viviendo. Ese tipo de experiencias solo sirven para intensificar la soledad. Necesito reconocer cuándo la capacidad de comprensión de una persona no es suficiente, y no debo malgastar mi energía tratando de establecer una conexión. Más adelante, cuando me sienta mejor, echaré un vistazo a esta relación y la reevaluaré a la luz de lo que he necesitado y lo que he dado y recibido.

No soy la clase de persona que les cuenta sus problemas a los demás.

La pena entre dos,
es una pena menor.
PROVERBIO

A veces nos parece que si le contamos las cosas a otra persona, que si contamos la historia de nuestra pérdida, estamos cargando a la otra persona con nuestros problemas o estamos intimando demasiado. Tememos revelar demasiado acerca de nosotros mismos.

Pero durante el período en que estamos procesando la pena, puede ser muy valioso contar al menos con una persona en quien podamos confiar permanentemente para contarle lo que estamos viviendo, qué estamos pensando y cuáles son nuestros temores. Hay cientos de pensamientos, sentimientos, situaciones, preguntas y premisas que pueden ser aclaradas y disminuidas al hablarlas con otra persona, especialmente con otra persona que también sabe lo que es una pérdida.

Podemos ayudarnos aceptando la compañía de alguien—amistad o pariente—que se haya acercado a nosotros en el proceso de hacer el duelo por el fallecimiento de la misma persona. Si apreciamos la compañía de la otra persona y la disfrutamos, podemos invitarla a nuestra vida. Podemos llamar a esa persona y concertar un encuentro.

Tomaré nota de cómo me siento cuando estoy con la persona que me ha ofrecido su amistad durante el tiempo de tristeza, y cómo me siento después de compartir con esa persona. ¿Tengo una sensación de alivio y liberación tras haber estado con esa persona? ¿Siento que compartimos nuestra pena y que ambos nos sentimos mejor por ello? Si es así, cultivaré la amistad y ofreceré lo que pueda para que ésta sea enriquecedora para ambos.

Me pregunto si ésta es la forma en que me tratarán por el resto de la vida.

¿Por qué alguien no nos da una lista de las cosas
que todo el mundo piensa pero nadie dice, y otra lista
de las cosas que todo el mundo dice pero nadie piensa?

OLIVER WENDELL HOLMES

El aspecto social de haber perdido a un ser amado es difícil. Sería tanto más fácil si tuviéramos una especie de brújula que nos orientara a través de los tiempos confusos cuando estamos tratando de aclarar lo que alguien dice, o ver qué hay detrás de lo que alguien dice para percibir lo que realmente piensa o quiere. Ciertas personas nos hablan de forma que parece irrelevante o insincera. Escuchamos sus protestas de entrega o de comprensión de nuestra situación, pero lo que dicen carece de convicción. Queremos claridad, honestidad y apoyo. No queremos conversaciones vacías de significado, compuestas de falsos mensajes.

Estos confusos intercambios sociales son el resultado de la falta de experiencia de los demás y de su reticencia general a encarar lo que es incómodo. En las culturas en las cuales la muerte es una parte aceptada y esperada de la vida, las personas no necesitan enmascarar tanto sus sentimientos sobre la muerte y sobre las situaciones y necesidades de los sobrevivientes. Comprender esto nos va a ayudar mucho.

Una vez que hayamos pasado por la peor parte de la pena, estaremos en condiciones de educar a otros en cuanto a la pérdida. Cuando nuestra energía personal se combina con la oportunidad apropiada, quizás queramos trabajar para mejorar las condiciones de los dolientes de nuestra comunidad. Esto puede hacerse más exitosamente a través de servicios de apoyo en organizaciones que se dedican a ayudar a los dolientes.

Reconozco que otras personas no saben qué hacer para ayudarme a superar mi pérdida. Dirán cosas que no sienten y sentirán cosas que no dicen. Necesito ejercitar la tolerancia y la comprensión cuando me siento abandonado, dolido o incomprendido. Buscaré apoyo entre mis amigos y parientes que hayan sufrido una pérdida. Iré a donde existen verdaderamente la comprensión y el apoyo, en lugar de quejarme de las personas que me rodean y que son incapaces de darme medida lo que necesito.

En algún momento diré exactamente lo que siento, y entonces todo será un caos.

El sistema nervioso no es una mera ficción; es parte del cuerpo físico, y nuestra alma . . . está dentro de nosotros mismos, como los dientes en la boca. No puede ser eternamente violentada con impunidad.

BORIS PASTERNAK

Lo que Boris Pasternak nos dice es que nuestra salud se verá negativamente afectada si no hacemos caso a nuestras necesidades emocionales. No podemos, por ejemplo, tratar de vivir de una forma que no corresponde a nuestras necesidades y deseos básicos. Estos engaños nos harán daño.

Lo que decimos, pensamos y sentimos no es ajeno a nuestro cuerpo. Forman parte de un todo. Necesitamos tener suficiente respeto e interés en nosotros mismos para valorar nuestro centro emocional. Esto es excepcionalmente importante cuando estamos en duelo, porque nuestra condición física realmente se ve debilitada por el dolor. No podemos debilitarla aun más olvidándonos de ser fieles a nosotros mismos.

Para mantenerme saludable, debo hacer más que simplemente comer, dormir y hacer un poco de ejercicio. Debo tener en cuenta que las emociones encubiertas y las circunstancias sobre las que miento, erosionan mi bienestar físico. No me impondré una carga adicional.

Solía tomar decisiones con facilidad. Ahora no logro decidir en qué dirección ir cuando llego al final de la cuadra.

Algunas de sus decisiones fueron acertadas.
Un reloj detenido indica correctamente la hora dos veces al día.

ANÓNIMO

Sobrevivir a la muerte de un ser amado parece arrasar con muchas de nuestras capacidades; una de ellas es la de tomar decisiones. Un viudo se quejaba de que le tardaba veinte minutos en la mañana decidir si hacer café corriente o sin cafeína. Otros dolientes se han sentido angustiados porque su dificultad para tomar decisiones ha afectado su desempeño laboral.

Ser incapaz de tomar decisiones es un aspecto natural del proceso de duelo. Como sobrevivientes, nos enfrentamos a una distracción permanente y generalizada. Aunque tratemos de funcionar bien en la superficie, un gran reflujo de tristeza erosiona nuestra energía mental. Perdemos fácilmente el rumbo de nuestros pensamientos, estamos demasiado cansados para pensar bien sobre un proceso o procedimiento, u olvidamos algo que nos acaban de decir o mostrar.

Por esta razón, es extremadamente importante no hacer cambios importantes para nuestra vida durante el proceso de duelo. No deberíamos planear mudarnos, divorciarnos, cambiar de empleo, casarnos, adoptar un hijo o vender bienes muy preciados. Si es posible, todas las decisiones importantes se deberían aplazar hasta al menos un ano después de la muerte.

No tomaré ninguna decisión fundamental durante el primer año, a menos que hacerlo sea absolutamente inevitable. Y no me preocuparé por mi incapacidad de tomar decisiones menores. Puede tardarme más de lo que espero, pero todo forma parte del proceso de duelo. Mi incertidumbre e inestabilidad son temporales.

No puedo ver algo que no es. Solo puedo ver las cosas como son.

Suponga que alguien le dijera, "Imagine esta mariposa exactamente como es, pero fea en lugar de hermosa."
LUDWIG WITTGENSTEIN

Cuando la gente trata de alegrarnos, cuando nos piden que pensemos sobre nuestra vida de una forma que parece imposible, es como si nos dijeran: "Imagine su vida exactamente como es, pero totalmente diferente." Sus visiones y predicciones, que tienen la intención de infundir ánimo en relación con los días por venir (que tendrán—nos prometen ellos—serenidad y normalidad y otras muchas cualidades positivas) están más allá del alcance de nuestra imaginación. No captamos qué es lo que nos están diciendo. Ni siquiera *queremos* captarlo. Porque, en el mundo agobiado por el dolor en el que nos encontramos, pensamos que no hay espacio para estas visiones positivas.

La doliente que mencionó la cita de Wittgenstein comentó que su propia vida tras la muerte de su hijo era comparable a la mariposa fea. "Cuando uno está metido en ella, viviéndola como la mariposa fea, es casi imposible imaginar esa mariposa como es." Es decir, era difícil para ella imaginar la verdadera naturaleza de su vida, su vida antes de que las cosas se volvieran caóticas.

Cada día que para mí representa el lado oscuro, tiene como opuesto el lado hermoso. Aunque en este momento aparentemente no está a mi alcance, eso no significa que no exista. De todos modos, lucho por crear una visión de mi vida que proyecte lo mejor en lugar de lo peor. Guardaré esa imagen en mi mente durante cierto tiempo cada día hasta que empiece a percibirla sin intentarlo.

Él no ha hecho realmente ningún esfuerzo para que nos reunamos.

Un día de estos es realmente ninguno de estos días.

PROVERBIO ALEMÁN

Si un amigo dice, "Tenemos que reunirnos un día de estos," y sabemos que no lo dice de corazón, es difícil no ofendernos. Percibimos que reunirse con nosotros no es una prioridad para este amigo y, sin embargo, pensábamos que valoraba la amistad. Esto ocurre con frecuencia con viudas y viudos cuyos amigos de antes los tratan de manera diferente cuando ya no tienen a su pareja. Les sucede a padres que han perdido un hijo y sienten que hacen sentir incómodos a otros padres.

Debemos reconocer, aunque nos cueste, que algunas personas no soportan ni siquiera una exposición mínima a la muerte y a la pena. No significa que no les resultemos simpáticos o que no les importe lo que nos sucede. Quizás les importe mucho, pero no son capaces de expresarlo debido a circunstancias (o historias pasadas) propias. Algunos amigos no logran siquiera asistir al funeral. Es importante reconocer que algunas personas no son capaces de enfrentarse a situaciones emocionalmente exigentes y que no es culpa de ellas. Cuando sentimos que nos esquivan o que nos ponen en "la otra línea," podemos concentrar la energía en esos amigos que sí se hacen presentes, que hacen un esfuerzo por estar con nosotros.

No gastaré energía enojándome o sintiéndome herido por alguien que no es capaz de interactuar conmigo. Sé que la pena no es una enfermedad: es parte de la vida, y me sentiré agradecido por los amigos maduros y cariñosos que tengo que saben identificar mis necesidades y son capaces de mostrarme su interés.

¡No quiero ser paciente! Quiero hacer algo para cambiar como me siento.

La paciencia no es pasiva: por el contrario,
es activa, es fortaleza concentrada.

E. G. BULWER-LYTTON

Al forzarnos a ser pacientes, estamos en efecto *haciendo* algo. Estamos haciendo gala de la fortaleza que requiere superar este tiempo cambiante y difícil de nuestra vida. La clase de fortaleza que nos ayuda a superar la pena no consiste en sonreír y levantar la cabeza. Más bien, es el tipo de fortaleza que dice, entre otras cosas: "Esperaré a que esto pase. Reconoceré que el proceso de duelo tarda un tiempo sorprendente. Por muchas veces que tenga que revivir las mismas emociones o sentirme asediado por los mismos sentimientos de desolación, incompetencia o temor, reconozco que todo forma parte del proceso. Lo único que necesito es perseverar y tener confianza en que el proceso tiene un final. Tener paciencia es tener poder."

Aunque parece que debería estar cambiando más rápidamente, seré paciente y reconoceré que la pena requiere que yo espere. Tener paciencia con sentimientos y experiencias particularmente difíciles me otorga el poder de superarlas poco a poco y en la medida necesaria. Con el tiempo, seré capaz de resurgir de este torbellino emocional. Tendré presente ahora que si me impaciento o me lleno de cólera o exijo un cambio cuando no es posible, solo lograré retrasar el proceso.

Estoy cansado de que algunas personas me digan que saben cómo me siento cuando no tienen ni la menor idea.

El hombre cortés es aquél que escucha con interés una conversación sobre cosas que conoce bien, cuando son expresadas por una persona que no las conoce en absoluto.

DE MORNY

Se requiere tener un gran control de sí mismo para sostener una conversación con alguien que dice entender la intensidad de nuestra pena pero en realidad no tiene experiencia personal de la situación y, como resultado, sabe relativamente poco acerca de ésta. Por lo general esas personas tienen buenas intenciones, pero carecen de la capacidad real de sentir empatía con nuestra situación.

¿Qué podemos hacer si nos encontramos en estas circunstancias? Si la conversación es un hecho aislado o si su reflexión, que comienza, "Sé exactamente cómo te sientes," ocurre una sola vez, entonces podemos atender con cortesía a quien habla y abstenernos de responder. Pero si este tipo de conversación ocurre más de una vez con la misma persona o se convierte en parte de un patrón habitual de comportamiento, entonces lo mejor es decir con calma y con firmeza algo que ponga fin a la falsa empatía de una vez por todas: "Sé que crees saber cómo me siento, pero la verdad es que soy la única persona que sabe exactamente cómo me siento, y estas conversaciones realmente empeoran las cosas—así que hablemos sobre algo diferente por el momento."

Seré cortés con los demás, pero no me dejaré atrapar como oyente habitual de alguien cuyas observaciones son más dolorosas que benéficas. Diré lo que siento y pondré fin a las conversaciones que me ofrecen consejo y opiniones que no son adecuadas para mi situación.

Cuando los veo a los dos juntos, siento mucha envidia.

Envidiar la situación de otro es solo la forma en que comparamos nuestro interior con el exterior del otro.
STEPHANIE ERICSSON

Sentimos los aguijonazos de envida que nos produce ver a otros cuyas relaciones son como la que teníamos—esposos, amigos, hermanos, padres e hijos. Observamos y deseamos. Pensamos cuán afortunadas son esas dos personas y de repente nos sentimos azotados por una renovada carga de tristeza. Daríamos cualquier cosa por contar otra vez con el ser amado, por estar interactuando como los demás, por estar deleitándonos en una relación en lugar de darla por hecho, como tantas veces lo hicimos.

Mientras observamos a otros y los envidiamos, nos imaginamos que sus vidas están libres de dolor, que tienen lo que quieren, que sus retos son inferiores a los nuestros. Pensamos que hemos sido castigados y despojados y ellos no. Es terrible tener que verlos. Estamos seguros de que ellos no son conscientes del valor de la relación que tienen el privilegio de gozar.

Pero a partir de la simple observación no sabemos cómo son realmente las relaciones de los demás. Si vemos a una madre que le compra un juguete a su hija, o una esposa que va de la mano de su esposo al entrar al cine, o dos amigas que se saludan y se abrazan en la calle, no sabemos qué infortunios han padecido o padecerán en la vida semejantes a los que nosotros hemos padecido. No podemos asumir que nuestras vidas son las únicas que han sido tocadas por la dificultad mientras que las de los demás continúan exitosamente y sin dificultades.

Me duele cuando veo a otros juntos, siento mucha envidia. Cuando me ocurra la próxima vez, me diré que tan sólo estoy "comparando mi interior con el exterior de los demás" y que no tengo derecho a querer restar a la vida de ellos lo que quisiera agregar a la mía. Todos tenemos nuestros propios retos, pérdidas y decepciones, y por lo general no son evidentes. Pondré mi envidia en la perspectiva adecuada. Quizás un día hasta seré capaz de sentirme feliz al ver las amorosas relaciones que otros comparten.

Sé que podría haber sido un mejor padre (o madre, hijo, hija, amigo, amiga o amante).

Soñar con la persona que quisieras ser
es desperdiciar la persona que eres.
ANÓNIMO

Tras la muerte de un ser amado, los dolientes generalmente se angustian culpándose por no haber sido los compañeros perfectos en la relación que ahora se marchó para siempre. Pero así como no es aconsejable hacer grandes cambios en la vida durante el proceso de duelo, tampoco es muy sensato que durante este tiempo difícil tratemos de transformarnos en las personas perfectas que nuestra culpa nos dice que deberíamos haber sido.

La pena puede ciertamente producir cambios y un valioso esclarecimiento personal, pero estos madurarán naturalmente a medida que nuestras vidas evolucionan y vamos superando nuestro dolor. Cuando dirigimos las energías a desear que fuéramos lo que nunca podremos ser o a tratar rápidamente de rediseñarnos—en la forma de vestir, hablar, trabajar o interactuar con otros—como si fuéramos personajes de una obra de teatro, lo único que logramos es demorar el resultado buscado.

Podemos prometernos intentar ser mejores personas en el proceso de vivir el duelo y regresar a una vida cotidiana más normal. Pero sentirnos íntegros de nuevo y completar el recorrido es nuestra primera tarea. Y para hacerlo debemos aceptarnos, evitar culpar a otros por el pasado, y reconocer que la culpa no es un buen punto de partida para hacer cambios. No podemos cambiar con solo desearlo la vida que tenemos o la persona que somos.

No entregaré mi tiempo a fantasías imposibles—fantasías que surgen de soñar con la persona que quisiera ser. Hacerlo es desperdiciar la persona que soy. Concentraré mi tiempo y mi energía en la persona que sé que soy. Puedo hacer un trato conmigo mismo para tratar de ser mejor persona, para alcanzar el máximo potencial, pero en el proceso no desperdiciaré la persona que soy.

Siento como si quisiera llorar, pero no lo hago.

La pena sin lágrimas sangra hacia dentro.

C. N. BOVEE

A veces el doliente dice que no logra llorar. Y otros sobrevivientes dicen que llorar no resuelve nada ni trae de regreso a nadie. De hecho, se puede argumentar bastante a favor de llorar, especialmente cuando se trata de aquellos que sienten que su mayor logro tras una muerte es enmascarar sus sentimientos. Pero retener las lágrimas y reprimir la tristeza puede producir efectos negativos. Y esos efectos quizás no siempre sean visibles.

Un estudio que se hizo con dos grupos de bebés, los que podían producir lágrimas y los que no (debido a una anormalidad congénita), mostró que el segundo grupo tenía un nivel de estrés considerablemente más alto. En el caso de los adultos, se descubrió que las lágrimas que lloramos cuando estamos tristes tienen una composición química diferente de las lágrimas que producimos cuando no estamos tristes, por ejemplo, cuando pelamos una cebolla. Llorar de tristeza realmente sirve para deshacerse de toxinas que le hacen daño al cuerpo. Cuando las personas dicen, "Me siento mejor después de llorar," la afirmación debería ser tomada literalmente. Cuando tenemos el impulso de llorar pero pensamos que no deberíamos, no debemos retener las lágrimas; debemos, en cambio, permitirles fluir.

El llanto es la forma en que la naturaleza libera mi estrés y me ayuda a sanar. A nadie le ha hecho daño llorar, pero a las personas sí les ha hecho daño reprimir sus emociones y retener las lágrimas.

Una vez que empecé a llorar, no podía parar.

Las emociones pueden ser interminables. Mientras más las expresemos, más tendremos para expresar.

E. M. FORSTER

Una vez que damos rienda suelta a las emociones, a lo mejor su profundidad y su intensidad nos sorprenda, pero no nos hará daño expresarlas. Quizás lloremos hasta cuando pensemos que ya no podemos llorar más—y luego empecemos de nuevo.

Después de que muere un ser amado, existe un pozo de sentimientos en cada uno de nosotros y debemos ir al fondo de ese pozo y sacar los sentimientos a la superficie hasta que todo esté a flote. Aunque parezca que no hubiera fin para aquellos sentimientos relacionados con el duelo, un día, al fin, se agotarán y serán reemplazados por otros sentimientos menos agobiantes de enfrentar. A la larga, las partes más duras del dolor habrán sido procesadas y vividas, y habrán sido integradas a nuestra vida. Hasta entonces, no debemos tenerles miedo a las lágrimas. Podemos concebirlas como agentes confiables que sirven para sacar la tristeza de lo profundo de nuestro ser.

Cuando tengo sentimientos de profunda tristeza y lloro, debo reconocer que lo que parece continuar eternamente no es realmente interminable. Al liberar los sentimientos que me hacen llorar, estoy ayudando a disiparlos gradualmente, a restarles poder. Los estoy dejando en libertad para que también yo algún día pueda ser liberado del tormento de la pena.

La llevo (a la pena) a dondequiera que voy.

Algunos no vieron ni oyeron nada, pero sintieron
de nuevo el aguijonazo,
sin nombre y concentrado bajo la garganta,
de la pena que se había convertido . . . en un
órgano en su cuerpo.

LOUISE BOGAN

La pena a veces puede parecer un animal con vida que se ha apoderado de nosotros. Hemos aprendido a abrirle un espacio dentro de nosotros mismos y nos acompaña a dondequiera que vamos.

¿Y qué hacemos al respecto entonces? ¿Existe algo que podamos hacer? La respuesta es sí. Podemos aliviar el peso de esta pena permitiéndole siempre un escape. Esta pena finalmente se disipará si la dejamos escapar hablando con amigos o parientes, con nosotros mismos o con el ser amado en el cementerio, escribiendo o compartiendo con un grupo de apoyo. Por el momento, podemos ejercer el poder eligiendo qué parte de la pena compartir y cuál reservarnos para nosotros mismos, hasta más adelante. Finalmente, poco a poco, sabemos que tendremos que dejarla marchar. Toda.

Cuando siento el peso de la pena, dentro de mí, recordaré que tengo poder sobre ella. Sé cómo hacer las cosas que me dan alivio y liberación. Aun si trabajo en la liberación poco a poco, apenas con unas cuantas personas, o solamente en una o dos situaciones, de todos modos me estoy quitando un peso. No acumularé la pena ni le exigiré a mi cuerpo que soporte un peso mayor del que debe soportar.

Solía pensar que era fuerte. Ahora soy tan débil que no puedo creerlo.

Existen dos clases de debilidades:
la que se quiebra y la que se dobla.
JAMES RUSSEL LOWELL

Nuestro valor es puesto a prueba todos los días tras la perdida de un ser querido. Buscamo, fortaleza—no para enmascarar la pena o para dejarla pasar inadvertida, sino para expresarla. Lo que quizás consideremos una debilidad puede en realidad ser una fortaleza. En estos días que ponen a prueba nuestro espíritu, mente y cuerpo, no nos doblegamos. Nos inclinamos, nos doblamos, nos reacomodamos, buscamos otro enfoque, nos ablandamos, pero no nos partimos.

Lo que quizás percibamos como una debilidad es nuestra habilidad innata para sobrevivir de diversas formas. Ser flexible no es sucumbir o desintegrarse, es acomodar los sentimientos y las respuestas al dolor, encontrar una forma de vivir con ellas.

No soy débil por el hecho de ser flexible. Soy flexible para no quebrarme, y es así como aprendo a afrontar las respuestas más fuertes a la pena. Hago lo que tengo que hacer para superar esta etapa, y lo hago pensando en ser una persona integral, no un ser fragmentado.

Estoy tratando de ser fuerte por los demás, pero es difícil.

Todos estamos acá en la tierra para ayudar a otros; para qué están los otros en la tierra, no lo sé.

W. H. AUDEN

Esta cita refleja la exasperación que experimentan algunos sobrevivientes que tienen la sensación de ser responsables por todo. Y durante el período de duelo hay múltiples cosas de las cuales hacerse cargo. Aún más, casi siempre quedan otros dolientes de quienes debemos hacernos cargo—total o parcialmente. Algunos nos concentramos tanto en tratar de asumir toda la responsabilidad y en intentar satisfacer todas las necesidades de los otros dolientes, que ignoramos nuestras propias necesidades y deseos. De hecho, a veces las enterramos con tanta eficacia que ni siquiera sabemos cuáles son. Entonces, un día, nos damos cuenta de que hemos estado apoyando a todo el mundo y que nos estamos desgastando rápidamente.

En momentos como esos, debemos salir del círculo en el cual funcionamos casi todo el tiempo. Debemos dar un paso atrás y hacer un inventario de todo lo que hemos estado haciendo y considerar quién y qué ha estado recibiendo la mayor parte de la atención y por qué. Debemos reorganizar el horario y modificar el comportamiento para que no siempre estemos en posición de servir y ayudar. Debemos hacer posible que otros nos ayuden a nosotros.

Soy capaz y generoso, pero he agotado estas dos cualidades— en detrimento de mí mismo. Debo dejar de tratar constantemente de proteger y guiar a todos de modo que otros sobrevivientes puedan desarrollar sus propias habilidades para lidiar con esta situación y responsabilizarse por su progreso personal. No soy insensible al hacer esto. Me estoy dando la oportunidad de prestar atención a mis propias necesidades y a revitalizar mis energías.

Pienso que sencillamente me desentenderé de toda esta situación, si es posible.

Evitar la pena a cualquier costo sólo es posible pagando el precio de la indiferencia total, lo cual excluye también la capacidad de sentir felicidad.

ERIC FROMM

Posiblemente anhelemos que los sentimientos sean menos vívidos; quisiéramos estar libres de la añoranza profunda por el ser amado que murió. Lo extrañamos o la extrañamos profundamente, y queremos ser capaces de expresar una vez más nuestro amor, de abrazar, de estar con alguien. Estos sentimientos son poderosos y se llevan por delante todo lo demás que tratamos de hacer y de decir. Anhelamos escapar de ellos. Queremos distanciarnos. Nos preguntamos por qué debemos soportar una herida semejante, una agonía emocional tan devastadora.

Pero la única manera de no sentir ninguna pena es no establecer nunca una relación cercana, amorosa y feliz con otra persona. Si tenemos una relación fuerte y satisfactoria en nuestra vida, al final experimentaremos dolor. Debemos recordarnos que el sentimiento profundo de pérdida es la prueba de nuestra capacidad de entregarnos y de disfrutar la vida con otro, y recordar que nos sentiríamos como almas solitarias e infelices sin esta capacidad.

Cuando me cuestiono por qué tengo que sentir con tanta profundidad, cuando deseo no tener tanta capacidad de sentir dolor emocional, debo también recordar la alternativa. Si nunca hubiera tenido una relación amorosa que me diera felicidad, no me sentiría atormentado. Por evitar la experiencia de dolor tras la muerte de un ser amado, no prescindiría de la experiencia de vida inmensamente grata que tuve con esa persona.

Quiero hablar acerca de él todo el tiempo, pero no quiero hacer sentir tristes a otros.

No ha vivido quien no sigue vivo después de la muerte.

PROVERVIO INGLÉS

Quizás queramos hablar frecuentemente acerca del ser amado; de hecho, quizás nos parezca excesiva nuestra necesidad de hablar. Pero hablar sobre el ser amado que falleció es un testimonio acerca de la vida de esa persona. Es un reflejo de todo lo que esa persona me dio a mí y dio a los demás. Significa que el ser amado tenía una personalidad y carácter únicos, y que tuvo una gran influencia en nuestra vida, que nos dio algo valioso y también recibió de nosotros. Hablar de ella mantiene viva a esa persona de alguna manera. Confirma que el ser amado seguirá siendo parte de nuestra vida y de las vidas de quienes nos rodean, que dejó una huella en este mundo, y que vivirá para siempre en nuestro corazón y en nuestra mente.

Admito que es bueno hablar sobre el ser amado, repasar su vida, contar historias y hacer el recuento de los recuerdos más significativos. Así mantengo vivo el recuerdo del ser amado. Quedarme en silencio y fingir que no existe sería negar una valiosa relación de amor y el papel único que esa persona desempeñó en mi vida, así como en la comunidad de amigos y familiares.

Nunca he sido muy valiente.

El valor es miedo que aguanta un minuto más.

GEORGE S. PATTON

Concebimos el miedo como algo contrario al valor. En realidad, están relacionados. Pero cuando nos escapamos del territorio del miedo hacia el poderoso reino del valor, ocurre tan naturalmente que ni lo pensamos. El mismo miedo que nos hace encogernos por dentro también nos da la fuerza necesaria para enfrentar la amenaza y nos sirve como catalizador de la valentía.

El dolor nos presenta constantemente toda clase de razones para tener miedo. Como sobrevivientes nos enfrentamos a situaciones que nunca habríamos imaginado, y muchas veces debemos hacerlo solos, sin ayuda. Debemos enfrentarnos a estas situaciones con una mente, un cuerpo y un corazón que han sido heridos. Pero siempre que nos sintamos especialmente temerosos y pensemos que no podemos soportar el sentimiento, podemos decirnos que aguantar un minuto más marcará la diferencia entre sucumbir o superar la situación.

A veces siento que no encuentro el valor que necesito para procesar el dolor. Pero cuando el miedo amenaza con debilitarme, me diré que me aferraré un minuto más y convertiré mi temor en valor.

¿Cuándo terminará todo esto?

Somos el pasado de mañana.

MARY WEBB

No nos damos cuenta, pero mientras lloramos la muerte de un ser querido, cada día nos acercamos a la resolución de la pérdida. Cada día de duelo, de enfrentarnos a sentimientos dolorosos, es otro día que podemos añadir al tiempo de duelo que ha transcurrido.

Requiere tiempo. Pero durante el proceso no ignoramos ni minimizamos los sentimientos que deben ser expresados. Revivimos las conversaciones y los sucesos que debemos revivir. Expresamos remordimientos o anhelos. Buscamos el apoyo de otros. Y todo el tiempo no nos atormentamos con la longitud del proceso de duelo; no cuestionamos constantemente cuándo terminará. No nos preguntamos, ¿otra semana?, ¿otro mes?, ¿el resto del año? Solo agregamos un día más al dolor que ha pasado. Cuando el dolor finalmente pierda su dominio sobre nosotros, cuando empiece a disminuir, habrá ocurrido tan gradualmente que quizás no nos demos cuenta.

Por el momento, recordaré que estoy actuando cada día como debo hacerlo y que cuando llegue el día de mañana, el día de hoy será una porción de la pena que ya dejé atrás. Cada día me lleva un paso más cerca de la resolución de la pérdida y me acerca a un alivio permanente del dolor.

De todos modos no puedo lograr lo que quiero lograr. Es demasiado tarde.

La vida es corta, pero es amplia.

PROVERBIO ESPAÑOL

Sobrevivir a la muerte de un ser querido nos pone en contacto con nuestra propia mortalidad. La vida, según la vemos en este momento, puede parecernos insoportablemente corta, como un corto interludio que a duras penas nos da tiempo de ser y hacer. Esta brevedad es puesta de relieve cuando la vida del ser amado resulta ser más corta de lo común, o más corta de lo que esperábamos nosotros o aquellos que nos rodean.

Al mirar nuestra vida, debemos verla como un tiempo para vivir a plenitud, independientemente del número de años que dure. Quizás nuestra vida no sea lo suficientemente larga, pero nos corresponde hacerla lo suficientemente amplia. Podemos reinvertir las energías, hacer planes, llevar a cabo acciones, explorar, ayudar, crear, aprender, crecer y deleitarnos en las cosas terrenales. Podemos hacer de nuestra vida una experiencia rica y maravillosa. Podemos buscar a aquellos que nos siguen en su propio proceso de duelo. Podemos *sentirnos* vivos de muchas formas, en lugar de limitarnos a permanecer con vida después de la muerte del ser amado.

No decido la duración de mi vida, pero puedo decidir su alcance y amplitud. Mi vida abarcará una amplia variedad de experiencias y acciones enriquecedoras. Y a lo largo del resto de mi vida estaré todo el tiempo consciente de que uno de los aspectos más gratificantes de estar vivo puede ser ayudar a otros, ampliar el espectro del cariño y la compasión personal.

Encontré dentro de mí algo que no sabía que tenía.

Lo que no me mata me fortalece.

FRIEDRICH NIETZSCHE

Esta tragedia, pensamos, nos matará. Y entonces, mientras luchamos por seguir adelante y enfrentar el reto, aprendemos algo acerca de nosotros mismos. Nos damos cuenta de que tenemos una reserva de fortaleza que había permanecido desaprovechada hasta este momento. Nos sorprendemos ante la propia perseverancia, la capacidad de levantarnos de nuevo muchas veces y de luchar contra la corriente de enorme tristeza. Quizás nos sorprendamos, de estar ayudando a otros que sienten dolor, pues no creíamos ser capaces de hacerlo. Pensábamos que estábamos demasiado caídos y demasiado baldados para tratar de ayudar a otros. Entonces henos acá, haciendo lo que no pensábamos que alguna vez podríamos hacer. La tragedia no nos está matando, nos damos cuenta, sino que nos está haciendo más fuertes.

Cuando siento que no puedo seguir adelante, cuando siento que nadie podría seguir adelante en estas circunstancias, recordaré que las personas muchas veces tienen más fuerza de la que creían tener. Buscaré en lo hondo de mi ser para aprovechar esa fortaleza que me ha permitido llegar hasta donde estoy, y sabré que puede impulsarme el resto del trayecto.

No esperen que yo lo supere.

Quizás las lágrimas se sequen, pero el corazón—nunca.
MARGUERITE DE VALOIS

Casi todos tenemos las lágrimas a flor de piel justo después de la muerte de un ser querido. Luego, poco a poco, las emociones parecen menos vivas. De vez en cuando somos capaces de vivir un día sin que el dolor se apodere de nosotros. En este punto quizás nos preocupemos pensando que pasa algo malo con el cariño que sentíamos. Nos preguntamos si esa disminución del dolor significa que ya no amamos, que ya no nos importa.

Esto, desde luego, no es cierto. La intensidad de nuestra pena es un factor clave en el proceso de superar la pérdida, pero la duración de la pena es menos importante. La duración del proceso de duelo no es medida de la fuerza del amor. No es necesario que el dolor se prolongue para que amemos más. El que las lágrimas se sequen no indica que el corazón se haya enfriado. Tan solo significa que hemos superado lo más difícil. El amor que sentimos por el ser querido sigue firme en nuestros corazones.

No equipararé la duración de mi período de duelo con el grado de amor que sentí. El uno no tiene nada que ver con el otro. Lloraré hasta que ya no necesite llorar más, viviré el duelo hasta que ya no sienta que necesito vivirlo. Y a través de todas estas etapas, mi amor no cambiará ni disminuirá.

Cinco meses después de su muerte, hicimos una ceremonia privada, tan solo con unos pocos. Nos ayudó mucho.

La ceremonia es realmente una protección, también, en tiempos de intensidad emocional, especialmente en relación con la muerte.

AMY VANDERBILT

Todos conocemos el ceremonial que acompaña a la muerte. La hora y el lugar del servicio fúnebre son una de las primeras cosas que la gente quiere saber cuando se entera de un fallecimiento. Pero hay otra clase de ceremonia que algunos dolientes han encontrado de gran utilidad en medio de la añoranza por su ser amado, y es una ceremonia especial que se hace por voluntad propia. Este tipo de reunión se hace solamente para unos cuantos miembros cercanos de la familia o un grupo pequeño de amigos y consiste en una forma muy personal de honrar al ser amado en un adiós íntimo y privado. Algunas personas eligen celebrar una ceremonia en el aniversario de la muerte del ser amado, otros en el cumpleaños de esa persona, y otros seleccionan una ocasión significativa para todos los participantes.

Hay tantas formas de honrar la vida del ser amado como hay personas. Encontrar la forma más adecuada para nuestra situación puede ser una tarea que una aún más a un grupo selecto de sobrevivientes y que fortalece el vínculo que ya existía entre ellos.

Puedo programar una ceremonia privada para rendirle homenaje al ser amado. Será un tiempo para que los sobrevivientes más cercanos a ese ser amado celebren su vida, compartan recuerdos y fotografías y hablen acerca de lo que esa persona significó en sus vidas.

El simple hecho de que dije adiós no significa que me haya acostumbrado.

Tras la muerte vienen miles de adioses—
los primeros seis meses de duelo.

ALAN GREGG

Cuando muere alguien que amamos, no decimos adiós solamente una vez. Lo decimos una y otra vez. Y no simplemente *decimos* adiós, *vivimos* el adiós. Es decir, todo el tiempo tenemos que distanciarnos del vínculo cotidiano que compartimos con el ser amado y desvincularnos de las expectativas que teníamos sobre nuestra vida debido a este vínculo.

Decir adiós nos ayuda a comprender la realidad de la pérdida, porque aunque la realidad nos acompaña en un momento, puede que no lo haga al momento siguiente. Así que podemos decir adiós de cualquier forma que sintamos apropiada. Podemos hablar con una fotografía. Podemos sostener una conversación semanal—incluso diaria—en el cementerio. Podemos escribirle una carta al ser amado diciéndole todas las cosas que desearíamos haber dicho en voz alta. Podemos hablar con el grupo de apoyo acerca de la dificultad de desprendernos de la persona que murió. O quizás decidamos hacer una ceremonia privada en la cual dejamos partir al ser amado. Nos permitimos todas las formas posibles de admitir el hecho de la muerte.

Aceptaré que será preciso decir muchos adioses, especialmente durante los primeros seis meses después de la muerte del ser amado. Durante este período en que estoy luchando con la realidad de la separación, haré lo que sea para admitir el carácter definitivo de la muerte del ser amado. Y seré paciente conmigo mismo, sabiendo que creer en algo en lo que no quiero creer requiere una gran cantidad de tiempo.

Ya no tengo seguridad en mí mismo. No siento que valgo nada.

Cada nueva adaptación es una crisis de amor propio.

ERIC HOFFER

La muerte hace temblar todas nuestras bases. Una de esas bases es el amor propio. Ahora, cuando sentimos que no valemos nada, debemos recordar que en el pasado hemos tenido seguridad, que en esa época otras personas nos percibían como una amistad o colega o pareja deseable, capaz, talentosa o atractiva. Todavía somos esa persona. Todavía tenemos todas las buenas cualidades que hacen que otros nos perciban como una persona atractiva y valiosa.

Es cierto que debido a la muerte nuestra autoexpresión puede haber sufrido un golpe. Hemos sido puestos a prueba. Hemos sido opacados. Pero lo que tenemos de especial todavía está dentro de nosotros. Necesitamos recordar que esta crisis en nuestra autoestima es solo temporal. A medida que empecemos a experimentar el dolor con menos intensidad, seremos más capaces de permitir que nuestras mejores cualidades salgan a la superficie, que se muestren más, o nos otorguen una vez más la sensación de estar entre los seguros de sí mismos.

Soy tan capaz como una vez lo fui, igual de atractivo, igual de importante para quienes me rodean. No debo cometer una injusticia conmigo mismo o darme por vencido en situaciones difíciles. No debo pensar que no merezco atención, amor o retribuciones. Ante mí mismo y ante los demás soy una persona que conserva su valor de antes. Tengo mucho que ofrecerle a este mundo en el que vivo.

No puedo dejar de preguntarme, ¿por qué se murió?

Hay dos formas de pasar fácilmente por la vida:
creerlo todo o dudarlo todo;
ambas alternativas nos evitan tener que pensar.

ALFRED KORZYBSKI

La muerte nos deja muchas preguntas. Quizás la pregunta sea por qué murió la persona amada. Quizás cuestionemos la religión en general, las intenciones de Dios en particular, la razón que explique una muerte prematura o violenta, o por qué el ser amado tuvo que soportar un período prolongado de dolor. Estos pensamientos y preguntas pueden asolarnos a diario, sin llegar a la resolución. Nos sentimos atormentados por el hecho de que aparentemente no avanzamos en nuestra búsqueda de respuestas, que nadie a quien le consultamos puede darnos una respuesta definitiva. No hay garantía de que nuestras preguntas sean legítimas, no hay prueba de que nuestras conclusiones—si llegamos a ellas—sean acertadas o erradas.

A la mayoría de las personas nos resulta imposible creerlo todo o no creer nada a lo largo de la vida, así que nos hacemos preguntas. Tratamos de comprender y de saber. Es una señal de que somos individuos curiosos y pensantes. Es bueno hacerse preguntas. Es bueno tener dudas; es parte de la experiencia vital. La compañía de un confidente puede ser provechosa en la búsqueda de comprensión. Podemos hablar con confianza de nuestras dudas y preguntas compartiéndolas con un amigo, nuestro grupo de apoyo o un profesional competente. A veces hablar con otras personas sobre las preguntas que ocupan nuestra mente puede hacer que la búsqueda sea menos solitaria. Pero debemos darnos cuenta de que para algunas de las preguntas más apremiantes, como "¿Por qué tuvo que morir?", realmente no existen respuestas.

Algunas de las preguntas más profundas solamente se pueden explorar y debatir. En mi esfuerzo por hacerlo, quizás pueda abordar varios temas que me preocupan con alguien cuya opinión y experiencia respeto, y de esta manera contar con una caja de resonancia. Pero mientras que me debato con las preguntas más duras, admitiré que algunas de ellas no tienen respuestas definitivas. Con el tiempo, necesitaré reemplazar mi cuestionamiento obsesivo con un poco de aceptación.

¿Cómo sé realmente si hay algo más allá de esta vida?

La duda construye la montaña que la fe puede mover.

PROVERBIO

Algunos sobrevivientes confiesan que a veces durante su vida hicieron un pacto poco común con el ser amado. Llegaron al acuerdo después de hablar sobre la vida después de la muerte, sobre lo que quizás exista más allá de la vida en la tierra. El acuerdo generalmente consiste en lo siguiente: el que se marche primero debe regresar si es posible (en un sueño o de alguna otra forma) y explicar lo que es la muerte y si hay vida después de la muerte.

A muchos nos irrita y nos atormenta la propia duda. Mientras reflexionamos sobre la vida después de la muerte, el premio y el castigo, la reencarnación u otros asuntos y preocupaciones de carácter espiritual, la montaña de dudas crece más y más y se vuelve más y más difícil de escalar.

Cuando esto ocurre, debemos reconocer que la expectativa de poder acceder a un conocimiento firme acerca de lo que ocurre después de la muerte no es razonable. Podemos consolarnos con lo que, en compañía del ser amado, creíamos acerca de la muerte y la vida después de la muerte. Podemos recordar lo que ambos esperábamos fuera la verdad, lo que nos hacía sentir seguros y fuertes. Estos son los componentes de nuestra fe—la clase de fe que es más grande que la duda, que puede mover las montañas de dudas.

Reconozco que en momentos de profunda tristeza es difícil darle crédito a Dios o a cualquier otra deidad, o a un espíritu o poder en el que quizás alguna vez creí, pero trataré. Recordaré la fe que el ser amado y yo creamos entre los dos para que nos sustentara en los tiempos más difíciles. Era una fe que construía su propia paz. Permitir que nazca una paz semejante ahora en mi interior me hace posible imaginarla en otro lugar.

Siempre he sabido cuán importante era amar a alguien. Pero ahora entiendo el valor del amor de muchas formas nuevas.

Esto es aprender. De repente comprendes algo que has comprendido toda la vida, pero de una forma nueva.

DORIS LESSING

Uno de los primeros impactos del dolor es que vierte luz sobre nuestra vida de una forma que no esperábamos. Muchas veces, uno de los resultados de esta iluminación es ver con ojos nuevos el alcance, la profundidad y el poder de nuestro amor, así como reconocer plenamente la necesidad de recibir amor en la vida diaria.

Si pensamos que no reconocimos la profundidad de nuestro amor antes de que la muerte ocurriera o si pensamos que no lo expresamos con la suficiente plenitud, este juicio puede ocasionarnos gran remordimiento. También puede causarnos añoranza y pesar si creemos que el amor llegó demasiado tarde en la relación.

Repasamos el vínculo con el ser amado y tratamos de retocar el cuadro para que sea como queremos. Quizás incluso estemos enojados con nosotros mismos. Pero esta cólera puede solamente ser reemplazada con el perdón y con la decisión de permitir que el amor entre en nuestra vida, que ocupe un lugar prominente en nuestras relaciones presentes o futuras. Ahora nos acercamos a él con una perspectiva más profunda y quizás una nueva capacidad de compromiso—bien sea el amor a un niño, un cónyuge, un amigo, un hermano o una hermana, o una pareja.

Siempre he comprendido la necesidad que hay en mi vida del amor, pero la muerte me ha hecho comprenderlo de una manera nueva. No me castigaré por mis errores, ya sean imaginados o reales. Más bien, aplicaré a otras relaciones cercanas que tengo en el presente y a las nuevas que tendré en el futuro lo que he aprendido sobre el amor. El amor será un factor principal en darle nueva forma a mi vida.

Quiero ponerme en contacto con ella para saber si necesita compañía o quiere hablar, pero a lo mejor debo esperar un poco.

Quien espera con el fin de hacer de una vez
gran cantidad de bien, nunca hará nada.

SAMUEL JOHNSON

Puede haber otro doliente que pensemos puede beneficiarse de comunicarse con nosotros. Tenemos todas las intenciones de hacer la llamada, pero la aplazamos una y otra vez, porque nos parece que más adelante tendremos más que ofrecer. Y puede que sea cierto.

En este momento, inmersos en nuestra propia pena, sentimos que a lo mejor no seamos capaces de hacer todo lo que quisiéramos por esa persona. Quizás no logremos pasar mucho tiempo con esa persona, o hacer llamadas frecuentes de larga distancia, o satisfacer sus necesidades de la forma deseada. Pero igualmente, si esperamos para "hacer de una vez una gran cantidad de bien," a lo mejor nunca hagamos ningún bien, porque es muy probable que nunca hagamos el contacto inicial. Siempre estaremos esperando un mejor momento, un período más oportuno en la vida. Esta demora puede generar remordimientos o vergüenza cuando más adelante nos demos cuenta de que ha pasado tanto tiempo que a estas alturas ya es casi imposible establecer un contacto real de cariño.

Cuando de verdad estoy interesado en el bienestar de otro doliente y quiero ayudar, trataré de buscarlo de alguna manera sencilla tan pronto como sea posible y no me preocuparé por el paso grande que daré más adelante. Hoy planearé lo que voy a decirle en mi llamada, o qué le escribiré en la nota, o cómo le pediré a otra persona que transmita mi mensaje o invitación. Y lo haré.

Él sabe lo que yo estoy pensando. Yo sé qué está pensando él. Simplemente evitamos cualquier conversación sobre la muerte.

Las dificultades son parte de la vida,
y si no se comparten, se le niega a la persona
que nos ama la oportunidad de amar lo suficiente.
DINAH SHORE

Algunos dolientes que han perdido un hijo siguen adelante con su matrimonio en silencio. Algunos hermanos nunca hablan entre sí sobre la muerte de los padres. Algunos amigos nunca mencionan al que se ha ido. Esto no nos ayuda a sanar, y no ayuda a sanar a quienes nos rodean. No le da a la persona que ama la oportunidad de demostrar su interés, su afecto, su comprensión o su deseo de ayudar—y viceversa.

Debemos crear la oportunidad de compartir sentimientos e intercambiar pensamientos. Debemos pedir comunicación. Intentar comunicarnos y compartir es mucho más sano que movernos dentro de la misma órbita que el otro y nunca hablar sobre lo que más nos perturba o domina nuestros pensamientos.

No seguiré en silencio. Les daré a las personas que me aman la oportunidad de demostrarme su amor, de compartir mi dolor, y me daré a mí mismo la posibilidad de compartir el dolor de ellos. Pediré lo que necesito. Si no lo recibo, no estaré en peores condiciones que si nunca lo hubiera pedido. Me debo a mí mismo romper el ciclo de tensión existente y tratar de cerrar la brecha que me separa de la otra persona que también está en duelo. En lugar de profundizar el sentimiento de lejanía entre ambos, haré posible el fortalecimiento del vínculo que existe.

Su comportamiento cambió después de la muerte. Se aisló de todo el mundo.

Las personas que llevan vidas solitarias siempre tienen en mente algo sobre lo que están ansiosas de hablar.

ANTON CHEKHOV

¿Qué hacemos con el sobreviviente cuyo comportamiento cambia drásticamente tras la muerte y que se encierra en sí mismo cada vez que puede? Esta persona puede ser la hija o el hijo de un fallecido, un hermano, la pareja, un amigo o pariente cercano, incluso un socio.

Debemos respetar el silencio y la lejanía de otros, pero también debemos ser conscientes de que a lo mejor sufran terriblemente porque sienten que no tienen a su alcance una válvula de escape. Puede que necesiten romper su silencio, pero no sepan cómo empezar. Quizás sientan deseos de estar entre quienes abiertamente viven el duelo, pero no sepan cómo unirse, y quizás se sientan inseguros de si deben mostrar sus sentimientos y comunicar sus pensamientos. El aislamiento puede tener sus propios beneficios personales, pero no si el aislamiento es constante y continuo. Podemos ayudar al doliente solitario reconociendo los riesgos de encerrarse en un mundo demasiado privado. Asertaremos la mayor parte de las veces si asumimos que la otra persona se beneficiará de hablar sobre lo que tiene en mente. Entonces podremos hacer lo que sea posible para facilitar y hacer más fluido el proceso.

Es difícil ayudar a otro cuando yo mismo estoy sufriendo, pero debo recordar, por mi bien y el del otro sobreviviente, que muy pro-

bablemente ambos tengamos en común pensamientos y necesidades. Me acercaré y trataré de establecer una conexión. Hablaré sobre cómo me siento y suscitaré una respuesta, o invitaré a la otra persona a que me acompañe a un grupo de apoyo donde podamos estar en un ambiente de comprensión. Allí podremos explorar más nuestras diversas reacciones en relación con el duelo y las condiciones actuales de nuestra vida presente.

Es como si hubiera una competencia—a ver cuál de nosotros lo extraña más.

No discutamos con nadie en cuanto a la realidad
de su sufrimiento; ocurre con las penas como
con los países—cada hombre tiene el suyo.

CHATEAUBRIAND

Cada persona tiene su propia carga personal de dolor que debe soportar cuando pierde a un ser amado. Podemos comparar ese peso con un país en que reside el sobreviviente. En ese país están todos los recuerdos personales que el sobreviviente tiene del ser amado que perdió. Hay pesares, alegrías, deseos, temores, culpas e incluso quizás cólera y ambivalencia. El clima y el terreno del dolor de cada uno varían según la experiencia personal, la edad, el número de pérdidas a las que se ha enfrentado (o que no ha enfrentado bien), y otras fuentes de estrés en el momento de la muerte, así como múltiples factores adicionales. Debemos respetar la pena de cada uno y admitir que, al igual que las personas que proceden de diferentes países, los sobrevivientes quizás hablen lenguas diferentes, valoren más un tipo de comportamiento que otro, o se comporten de forma diferente.

Como los diversos países hacen gala de sus culturas, a veces un doliente acaba compitiendo con el otro para ver cuál es el que tiene el corazón más destrozado. Esto permite al sobreviviente ignorar de sus sentimientos más profundos. Este tipo de comportamiento concentra el dolor en algo exterior al sobreviviente: lo coloca junto al sufrimiento de otro para compararlo. Podemos hacer caso omiso de este comportamiento si se presenta en derredor nuestro. Es una táctica de evasión de parte del doliente y no tiene nada que ver con nosotros. Pasará.

Debemos recordar que a todos nos acompaña el dolor hasta

que nuestros esfuerzos por expresar y liberar el sufrimiento, y el paso del tiempo, se combinan para ayudarnos a sanar.

Seré respetuoso de las diferentes formas de vivir el duelo. Mi pena no formará parte de una competencia tácita entre los dolientes. Si bien mi pena es semejante a la de quienes me rodean, es incomparablemente mía. Afrontaré mis propias reacciones frente a la muerte de la mejor manera posible dentro de mi propia cancha emocional, psicológica y física.

Creo que está enojada conmigo, y no sé por qué.

La cólera reprimida puede envenenar
una relación con la eficacia de las
palabras más crueles.

DRA. JOYCE BROTHERS

Se ha dicho mucho sobre la expresión de la cólera. Pero, ¿y de las situaciones de duelo en las cuales sentimos que otra persona está enojada con nosotros pero nunca dice qué es lo que tiente en mente? Nos sentimos ignorados por un pariente. El amigo de antes ya no llama. El colega nos esquiva. El vecino o compañero de vivienda nos trata de forma diferente después de la muerte.

Como sobrevivientes tenemos ya suficiente presión emocional. La confusión adicional o el desconsuelo causado por el nuevo comportamiento de una persona que antes nos trataba bien, puede agregarse a la carga. Cuando padecemos los efectos de este tipo de comportamiento, podemos conversar directamente con la otra persona en lugar de tratar de adivinar qué le sucede. No tenemos que adoptar una actitud acusatoria defensiva ni colérica. Podemos simplemente pedirle de forma razonable y lógica a la otra persona que nos hable sobre lo que percibimos. ("Me preguntaba si habré hecho algo que te ofendió.") Podemos explicar nuestra percepción de la discordia y permitir que la discusión se lleve a cabo. ("Siento que quizás te ofendí de alguna forma.") Podemos asegurarle a la otra persona que valoramos la relación, pues si no fuera así no estaríamos tratando de aclarar ningún problema. ("Echo de menos estar contigo y hablar contigo. Eres una persona importante en mi vida.") Entonces podemos buscar la resolución positiva de cualquier desacuerdo.

No permitiré que una relación que valoro sea dañada, sea envenenada. Daré pasos positivos para abrir la discusión y para aclarar cualquier desacuerdo.

Es muy desalentador pensar que estoy mejorando un día y luego sentirme desesperado al día siguiente.

Si cuentas cada paso, convertirás
el camino en un largo recorrido.

THOMAS FULLER

Ya lo hemos escuchado: el dolor solamente se puede procesar paso a paso. Pero es importante agregar que el dolor solo puede asumirse paso a paso, pero *sin contar* los pasos. Hacer un inventario emocional todos los días puede ser desmoralizante. Estar en sintonía con el progreso que hacemos no es un problema, pero si nos evaluamos con demasiada frecuencia, quizás sintamos que no estamos avanzando en absoluto. Nuestras diversas respuestas y condiciones emocionales fluctuarán en gran medida. Es posible, por ejemplo, pasar por cinco o seis emociones en una hora, durante varias horas al día. Imagine lo fatigoso que sería tratar de descubrir un patrón en esta confusión e intentar medir el crecimiento.

Debemos recordarnos que tenemos que hacer lo necesario cada día, permitiendo que los sentimientos y las respuestas a la pérdida del ser amado se vayan presentando. No debemos criticarnos por estar, al parecer, atascados o por un retroceso. Necesitamos confiar en que, al vivir los sentimientos cuando se presentan, finalmente superaremos las épocas más duras.

No debo concentrarme en los pequeños pasos dentro de este recorrido, sino vivir cada día con el conocimiento de que siempre y cuando sienta—y exprese esos sentimientos de alguna forma—superaré este tiempo difícil.

Tengo un centro de fortaleza. Ahora lo sé, por fin.

Las montañas están llenas de mármol antes de que el mundo florezca en estatuas.

PHILLIPS BROOKS

Sabiendo que tenemos, por delante días interminables y la tarea gigantesca de continuar el camino a traves del dolor, ¿de dónde—nos preguntamos—sacaremos la fuerza? ¿Dónde encontraremos los recursos personales que necesitamos desesperadamente para superar esta etapa?

La respuesta es que el material que necesitamos para trabajar—el núcleo compuesto de fortaleza, tenacidad, voluntad, intelecto y fe—ya está dentro de nosotros. No tenemos que abrigar la esperanza de que llegará o que podemos adquirirlo de una fuente externa. Ya poseemos el material fuerte, primordial y elástico con el cual trabajar. Parte de este material nunca antes había sido necesario. Otra parte ha sido tan utilizada que pensamos que es imposible que quede algo, pero allí está.

Necesitamos saber, todos los días, que podemos acudir a fuentes en nuestro interior con la tranquilidad de que allí están y de que no se agotarán. Podemos superar estos días. Contamos con lo necesario.

Tengo dentro de mí todo lo que necesito para superar esta etapa de mi vida. Aunque me puedo beneficiar enormemente del apoyo que otros me prestan con su compasión, inteligencia y sentido práctico, yo—sin ayuda—tengo el núcleo necesario de convicción, valor y destreza para superar la pena. Me propondré usar, con plenitud de capacidades, mis recursos interiores, sin perder nunca la fe en que me sostendrán. Ya he superado tiempos difíciles, y aunque esta época debe ser la más difícil de todas, puedo lograrlo y lo lograré de nuevo.

Derivo gran consuelo de caminar y estar en medio de la naturaleza.

Las montañas son gigantescas, reposadas y absorbentes. Uno puede elevar su espíritu a una montaña y la montaña lo guardará, protegido . . . las montañas son el hogar.

ANNIE DILLARD

Es sorprendente cuánta tranquilidad y reposo puede dar una caminata o un paseo en auto en que solamente se ven árboles, montañas, tierras de cultivo o el mar. Incluso si no están disponibles donde vivimos, siempre habrá un ambiente tranquilo al cual nos podemos retirar. Pero quizás tengamos que hacer un mayor esfuerzo en localizarlo.

Una mujer que había perdido a un ser querido me contaba que pasaba una hora todas las semanas en el acuario de la ciudad, pues sentía que observar los movimientos y la belleza de los peces le daba tranquilidad. La aliviaba de las presiones diarias y le daba tiempo para concentrar sus pensamientos, para reunir fuerzas. Un viudo joven se habituó a visitar en la hora del almuerzo el gran patio interior del complejo de oficinas donde trabajaba y a sentarse allí a solas en un banco una media hora. Este tipo de escape, por pequeño que sea, puede darnos un tiempo precioso para centrar las emociones y los pensamientos y para aliviar el estrés físico.

Cuando estamos en casa, muchas veces parece que requeriría un gran esfuerzo salir a caminar; pero cuando nos forzamos a hacerlo, el ejercicio genera energía en lugar de disiparla. También sirve para mejorar nuestro estado de ánimo y nuestra perspectiva.

Mi cuerpo está tratando de procesar una gran cantidad de estrés emocional. Necesito recordar que mi cuerpo, mi mente y mi espíritu son uno. No puedo cuidar a uno y descuidar al otro. Seleccionaré un lugar que yo sepa que me ha sido placentero y me ha dado paz en el pasado y me propondré visitar ese lugar en intervalos regulares, bien sea todos los días, tres veces a la semana, o solamente una vez a la semana. Sin falta, me daré ese regalo precioso de serenidad sin sentir culpa ni presión.

No entiendo nada; no entiendo la vida.

¿Cuál es el sentido de la vida? . . . La gran
revelación . . . nunca llegó. Había, en cambio,
pequeños milagros cotidianos, destellos de luz,
cerillas inesperadamente encendidas en la oscuridad.

VIRGINIA WOOLF

¿Cuál es el propósito de la vida? ¿Por qué le llega la muerte a alguien que no está preparado—que es demasiado joven o demasiado valioso en el mundo o demasiado indispensable para sus seres queridos? ¿Cuál es el propósito del sufrimiento? ¿Por qué tenemos que padecerlo?

No recibimos respuestas directas a estas preguntas. Al formularlas, nos damos cuenta de que son imposibles de responder. No hay grandes revelaciones por hacer. Pero *sí hay* formas en que podemos darnos cuenta de que nuestra vida tiene significado, que estamos en ella con un propósito, que podemos hacer el bien a los demás—y lograr nuestro crecimiento y felicidad.

No es necesario que tengamos las respuestas a las grandes preguntas para poder vivir una vida con significado, pues casi todo tiene un significado si estamos abiertos a reconocerlo y apreciarlo. Sí es necesario que estemos alertas, que nos deleitemos en las pequeñas gratificaciones y placeres de la vida que constituyen esos milagros cotidianos.

A pesar de no comprender los misterios de la vida y la muerte, de todos modos puedo percibir iluminación de las cerillas que se encienden en la oscuridad. A veces yo mismo las enciendo, a veces los demás. Algo tan simple y provocador como una sonrisa en alguien que no ha sonreído durante mucho tiempo es un pequeño milagro de la vida, una chispa de placer. Estaré abierto a recibir y a crear este tipo de acciones. Veré en cada una de ellas la respuesta al significado de la vida. Comprenderé que son las luces que me guían, con el tiempo, para superar la pena.

He descuidado mis deberes. Tengo mucho que hacer pero no logro empezar.

Aplazarlo todo nos da algo que anhelar.

JOANN KONNER

Si pretendemos hacer muchas cosas en el primer año tras la muerte de un ser querido, entonces tenemos expectativas poco realistas sobre nosotros mismos. Necesitamos tiempo para ordenar las prioridades de los compromisos y las responsabilidades, para analizar cuál es el mejor método. Cuando estamos en duelo, las llamadas telefónicas, las diligencias, las compras, la correspondencia, las tareas domésticas y los deberes relacionados con el trabajo pueden apilarse en montañas que parecen imposibles de escalar. Pero podemos facilitar el proceso si dejamos de mirar la montaña como un todo.

Es conveniente hacer una lista de todo lo que pensamos que deberíamos estar haciendo. Entonces podemos ponernos la meta de hacer una tarea cada día, o una cada tres días, o lo que creamos apropiado para la energía y el tiempo de que disponemos. No hay una regla que diga que tenemos que ser totalmente eficientes. Ninguna en absoluto. De hecho, más allá de los deberes de nuestro puesto de trabajo, podemos ser ineficientes. Podemos dejar muchas cosas pendientes para hacerlas cuando tengamos la energía. Podemos avanzar con la lentitud que queramos. Con una sonrisa, podemos decirnos a nosotros mismos (y a cualquiera que nos presione) que aplazarlo todo nos da algo que anhelar.

Consideraré más realistamente las responsabilidades que tengo. Haré un gran pacto conmigo mismo para lograr unas cuantas cosas cada semana. La meta será tan modesta como yo quiera. Entonces haré lo mejor que pueda para ceñirme al plan, regalándome una es-

pecie de pausa o premio entre cada logro. No puedo esperar ser tan eficiente como era antes del fallecimiento de mi ser querido. Si no logro hacer algo que creo es necesario, puedo ponerlo como prioridad en la lista para la semana entrante. También puedo pedir ayuda si mis tareas son demasiado arduas o si me traen recuerdos que preferiría no tener en este momento.

Teníamos una vida perfecta.

El mundo del mito siempre está detrás de
nosotros . . . Todo el tiempo buscamos a tientas
con el pie como busca la almohadilla el primera base.

C. K. WILLIAMS

En un esfuerzo por evitar sentimientos incómodos, es posible que tengamos la tendencia a convertir la vida que vivíamos con el ser amado en una especie de mito. Si lo hacemos, no recordamos la vida como realidad total con muchos sentimientos y condiciones. Por el contrario, se vuelven vidas irreales e inventadas, basadas en personajes cuyas fallas y temores son invisibles.

El mito ciertamente cumple su propósito. Podemos utilizarlo para transformar nuestras vidas. Podemos proclamar tener una vida que se eleva por encima de la vida real, cuyo poder rebasa la vida verdadera y trasciende lo ordinario de todas las formas posibles. Es agradable pensar en la vida de esta forma. Nos proporciona un vívido trasfondo contra el cual contrastan los colores generalmente más apagados de la vida. Esto no quiere decir que nuestras vidas no tienen su propio brillo, su propia fantasía, sus cualidades míticas; las tienen. Pero también contienen la oscuridad que contrasta drásticamente con la luz.

Nuestra pena se resuelve exitosamente cuando reconocemos todo el espectro de nuestras vidas, cuando no convertimos la relación en un mito, cuando agradecemos los contrastes y las diferencias que conforman el rico tejido de la relación con el ser amado.

Mientras lloro al ser amado que perdí, haré duelo por la relación que realmente tuvimos, la persona que él fue o ella fue realmente, la experiencia que honestamente compartimos. No crearé un mito para poder ignorar ciertos aspectos de mi pérdida.

Pues bien, ya han pasado varios meses, y no tengo ninguna esperanza de que las cosas mejoren.

La esperanza es como el sol, pues a medida
que nos encaminamos en su dirección,
extiende tras de nosotros la sombra de nuestra carga.

SAMUEL SMILES

Es casi imposible mantener la esperanza en días particularmente duros. En estas ocasiones sentimos que la vida, como la conocimos y la disfrutamos, se ha transformado en un período aparentemente interminable de tristeza y desesperación.

Pero mientras más nos adentramos en la oscuridad de esta creencia, más seguros estamos de lo imposible que es el cambio. Es importante, en cambio, azuzarnos para seguir adelante, para llamar a un amigo, para hacer el esfuerzo de hablar con el vecino, de interactuar de alguna forma con quienes me rodean. Es necesario buscar el contacto y aventurarnos a intentarlo—aunque sea por un breve período. Por ejemplo, podemos asignarnos un pequeño ejercicio de sociabilidad, como iniciar una conversación con alguien con quien no hemos hablado durante un tiempo. Entonces debemos llevar las cosas hasta el final, cumpliendo el propósito de hablar con esa persona antes de que termine el día.

En la medida en que interactuamos y nos comunicamos con otros, logramos seguir activos en la vida—y la vida misma es esperanza. Significa proseguir, dejar atrás los aspectos perturbadores de hoy y de ayer. A medida que nos vamos moviendo hacia la vida, hacia la esperanza, encontraremos que la carga va cayendo poco a poco—al comienzo despacio, pero luego más rápidamente hasta que hay días enteros en que logramos sentir que escapamos lentamente de la oscuridad y nos dirigimos hacia la luz.

No me permitiré aislarme en la desesperanza. Cuando me sienta abatido, me empeñaré en hablar con alguien, en hacer al menos una pequeña tarea, de modo que pueda sentir conexión con las pesonas y las cosas que me rodean. Admitiré que no puedo habitar permanentemente en la sombra de la tristeza y que, en la medida en que me muevo hacia la luz, me acerco a la esperanza.

Tengo miedo de hacer las cosas que antes hacía todo el tiempo.

Creo que cualquiera puede conquistar el miedo
haciendo las cosas que teme hacer, siempre
y cuando siga haciéndolas hasta que logre tener
un historial de experiencias exitosas.

ELEANOR ROOSEVELT

Después de la muerte de un ser querido nos sentimos menos seguros de nosotros mismos. Pequeñas acciones que solían ser muy fáciles pueden volverse enormemente difíciles, especialmente si requieren aventurarnos al exterior o viajar—tomar un vuelo, el transporte subterráneo, un autobús, incluso subir por la escalera eléctrica o entrar a la casa a solas. En nuestro estado mental vulnerable, puede que nos dé miedo algo tan simple como salir de noche.

Quienes hemos experimentado estos miedos hemos aprendido que es posible enfrentarlos exitosamente, superarlos de modo que podamos regresar a nuestro comportamiento más acostumbrado, el que exhibíamos antes de la muerte del ser querido.

Si nos sentimos con miedo durante los primeros meses, no hay necesidad de forzarnos a hacer lo que realmente no tenemos que hacer. Pero cuando estemos más adelantados en el proceso de duelo, quizás debamos aligerar los miedos participando muy a propósito en las actividades que tememos; por ejemplo, entrar a la casa o al apartamento de noche e ir de habitación en habitación demostrándonos a nosotros mismos que nada malo nos ocurrirá. Cada vez que realizamos esa actividad y queda atrás, nos hacemos más fuertes. Es verdad que cualquier cosa a la que le tengamos cierto pavor puede ser despojada de su poder realizándola con éxito.

Si temo a alguna actividad y esto me ha impedido vivir mi vida normalmente desde la muerte de mi ser querido y esta situación se ha prolongado más de unos meses, debo considerar participar en esta actividad. Al hacerlo, aprenderé que puedo lograrla sin padecer daño o castigo. Si me siento incapaz de hacerlo sin ayuda las primeras veces, explicaré mi temor a alguien de confianza y le pediré a esa persona que me acompañe. No permitiré que mi miedo se crezca o dicte un cambio en mi estilo de vida.

¿Cómo puede ser tan frío y continuar como si nada hubiera ocurrido?

Créame, cada corazón tiene sus penas ocultas,
que el mundo desconoce; y en ocasiones
llamamos frío a un hombre que sólo está triste.

HENRY WADSWORTH LONGFELLOW

Una niña de trece años anotaba que su padre se había vuelto totalmente frío después de la muerte de su hermano. "Él sigue como si nada hubiera pasado" decía furiosa. "¿Cómo es capaz? ¡Me hace odiarlo!"

Es difícil ver que alguien cercano al ser amado es aparentemente indiferente a la muerte—resistiéndose a hablar sobre ella, a llorar, a visitar la tumba o a cambiar de comportamiento social. ¿Qué—nos preguntamos—es lo que le pasa? ¿Acaso no tiene sentimientos? ¿Es incapaz de amar?

La mayoría de las veces, este tipo de críticas están dirigidas a los hombres, porque los hombres en nuestra sociedad se comportan muchas veces como si fuera malo tener sentimientos. No se les anima a hacer el duelo, ni a compartir sus sentimientos de pérdida. Después de la muerte de un ser querido, los hombres generalmente se hallan en (o asumen ellos mismos) una posición que les exige supervisar los aspectos pragmáticos de la muerte y proteger a la familia de las intromisiones externas. Estos dos papeles dejan muy poco tiempo, espacio y cercanía para demostrar los sentimientos.

Cualquier sobreviviente puede experimentar un profundo sentimiento y no saber qué hacer al respecto. Debemos reconocer que el duelo de esa persona puede ser invisible. Si los esfuerzos por hacer que esa persona participe en una conversación (o que acuda a un grupo de apoyo) fallan por completo, entonces lo único que podemos hacer es esperar e intentarlo de nuevo más adelante; pero enojarnos, decepcionarnos o llenarnos de ira no servirá para nada.

Tendré presente que no todas las personas hacen duelo de la misma forma. Aparentar frialdad no es lo mismo que no sentir nada. De hecho, continuar "como si nada" puede ser un indicio de sufrir mucho y tener miedo de que estos sentimientos se hagan evidentes. No sé cómo se siente el otro doliente, y debo respetar su comportamiento durante este tiempo de duelo. Trataré de animarlo a compartir reacciones y preocupaciones, pero si eso no funciona, observaré las señales, más adelante, que me indiquen que esa persona quiere comunicarse.

Creo que se siente muy mal porque su familia no le ha prestado atención. Quiero ayudar, pero a lo mejor no es esto lo que debo hacer.

Quien desea asegurar el bien de otros
ya ha asegurado el propio.

CONFUCIO

Quizás sintamos la necesidad de ayudar a alguien ajeno a nuestra familia que de cierta forma ha sido tocado por el fallecimiento—el conductor del auto donde iba como pasajero el ser amado que falleció, la persona que lo atendía, la niñera del hijo que falleció. En momentos así es importante recordar que demostrarnos cariño entre todos, interés el uno en el otro, no es nunca errado. Puede ser una gran ayuda. Menos a menudo, en la confusión y en la herida que causa la pena, quizás nuestro acercamiento sea rechazado.

Lo más probable es que podamos iniciar una experiencia positiva. Podemos demostrar que estamos reconociendo la pena de la otra persona, que aunque tengamos nuestros propios sentimientos profundos de dolor, no queremos negar las necesidades y sentimientos de los demás. Ayudar a otra persona mediante un pequeño acto de bondad, ofreciéndonos a hablar, invitando a esa persona a tomar un café o una copa de vino puede hacernos bien a ambos.

Dudaré menos en contactar al otro sobreviviente. Me daré cuenta de que al buscar a la otra persona, también me abro yo mismo. Estoy creando la oportunidad para que ambos nos beneficiemos del compartir.

La mayor parte del tiempo, ahora, no estoy seguro de qué es lo que se supone que haga.

Hallaré el camino, o abriré uno yo mismo.
SIR PHILIP SIDNEY

La pena no tiene una dirección clara. No hay un camino directo que atraviese los múltiples territorios emocionales que conforman nuestra pérdida. Así que es natural que abriguemos la esperanza de que haya señales más claras, que haya una especie de mapa de carreteras que nos oriente en el proceso del duelo. Pero cada uno de nosotros encuentra su camino o abre su camino, según sus propias circunstancias y carácter.

Imagine que mientras transita el camino de la tristeza, se siente complacido porque percibe que está avanzando un poco. Entonces dobla la curva y descubre que un gran árbol cayó atravesado sobre el camino. Ahora puede elegir hacer una de dos cosas: ver el árbol como un obstáculo, y dar la vuelta e ir en otra dirección, o ver el árbol como un peldaño puesto en su camino. Puede subirse al tronco y pasar por encima del árbol.

Si no hay camino en absoluto, si la pena parece un tupido e impenetrable bosque, dé un paso atrás y recuérdese que un bosque está hecho de árboles individuales. Cada uno requiere espacio, es cierto, pero hay un espacio alrededor de cada uno para permitirle crecer, y es ese mismo espacio el que nos permite pasar. Si piensa en el bosque como una colección de árboles individuales, podrá meterse por entre ellos y cruzar hasta el claro donde el sol se filtra hasta el suelo y donde son posibles días más alegres.

No pensaré en lo que "se supone" que haga, sino en lo que hago. En los días en que mi camino parece obstaculizado, no encontraré el camino, sino que abriré camino.

Quería decir algo pero no pude.

En todos los momentos cruciales de la vida
queremos hablar sin saber qué decir.

JOYCE CAROL OATES

Hay muchas ocasiones durante el período de duelo en que no encontramos las palabras. Queremos decir algo, incluso *necesitamos* decir algo, y sin embargo nos sentimos incapaces de encontrar las palabras precisas. Así que decimos algo que desearíamos no haber dicho. O no decimos nada. Quizás entonces nos mortifiquemos reviviendo el incidente en el cual dijimos lo que no debíamos, o no dijimos lo suficiente, o dijimos más de la cuenta. Puede haber ocurrido en una situación familiar tensa, con una visita bien intencionada, o incluso con una persona apenas conocida que pensamos que se entrometió en nuestra privacidad y en nuestros pensamientos.

Al mirar el incidente en retrospectiva, necesitamos aceptar que fue uno de los tantos resultados de ser humano. Nadie es capaz de decir exactamente lo que siente—o lo que se necesita decir—todo el tiempo. Desafortunadamente, mientras más crítico el momento, menos probable que seamos capaces de pensar en las palabras adecuadas. Así que lo único que podemos hacer es darnos cuenta de que todos tenemos ese problema y aceptar que hicimos lo mejor que podíamos en el momento y con los recursos personales que teníamos disponibles. Si respondimos de una forma que ahora pensamos fue inapropiada o equivocada, y sentimos con claridad que debemos corregirla, podemos enviar una nota aclarando lo que quisimos decir, o pedir disculpas, o hacer lo que nos parezca necesario para mejorar la situación.

No sentiré remordimiento porque no dije "lo correcto" en determinado momento. Si es necesario, haré algún gesto de rectificación. Pero debo reconocer que cualquier cosa que haga o diga durante el período de duelo tiene lugar en momentos en que estoy limitado de energía, fuerza de voluntad, claridad de pensamiento, o paciencia para la conversación. Si no doy la medida de mis propias expectativas, al menos admitiré que otros me juzgarán menos severamente de lo que me juzgo yo mismo.

Es tan abrumador, tratar de despejar su habitación.

Nunca regalé nada sin después sentir
que habría sido mejor conservarlo;
ni conservé nada sin sentir que mejor
habría sido regalarlo.

LOUISE BROOKS

Tras la muerte de un ser querido, quedamos con muchas cosas por organizar. Una parte de esa labor se relaciona con cosas materiales como las pertenencias físicas. Tenemos que organizar roperos y cajones, o debemos ir a buscar las pertenencias de esa persona en otro lugar y donde otra persona. Estas tareas son extremadamente debilitantes. Pueden ser tan abrumadoras que paralizan nuestras acciones, de modo que muchos aplazamos todo lo posible la organización de estas cosas.

Hay otra clase de organización que se lleva a cabo. Esta organización es mental y emocional. Decidimos qué conservar y qué regalar. Quizás también hagamos un análisis de lo que conservamos—resentimiento o culpa, por ejemplo—y sabemos que es tiempo de superar esas emociones.

Pasamos por estos diversos procesos de organización, prestando atención a cada detalle, invirtiendo la energía en tareas que parecen enormes, solitarias y poco agradecidas, pero que eventualmente hay que hacer.

Es necesario que en el proceso seamos bondadosos con nosotros mismos, haciendo pausas frecuentes e invitando a alguien a que nos acompañe durante la parte más dura de la organización o después.

Abordaré la organización material y mental pieza por pieza, sin presionarme para hacerlo a la perfección. Al mirar cada cosa o pensamiento o acción, seré bondadoso conmigo mismo. Las decisiones que tomé, que estoy tomando y que seguiré tomando, representan mis mejores esfuerzos.

Llegué a conocer a mi madre por las cosas que dejó.

Después de su muerte empecé a verla como realmente había sido . . . Fue más parecido a descubrir a alguien que a perder a alguien.

NANCY HALE

En medio del duelo puede haber también un proceso de descubrimiento. Al organizar las pertenencias del ser amado o repasar su vida de otras formas, quizás descubramos facetas que no sabíamos que existían. Podemos adquirir conciencia, por primera vez, de ciertas personas, sucesos o cosas que tuvieron especial significado en la vida del ser querido. Sin esperarlo, podemos descubrir respuestas a preguntas que nos confundían y que siempre tuvimos acerca del ser amado.

El proceso de descubrimiento puede ser positivo o negativo. Puede provocar alegría o inducir dolor. Por otro lado, nos presenta una imagen más clara del ser amado; nos permite una mirada abierta y honesta a la persona total que quizás fue una mezcla muy compleja de acciones, opiniones, pertenencias y relaciones.

Por otro lado, el proceso de descubrimiento no siempre tiene que ser tan directo. Puede que no sea implementado por el descubrimiento de algo tangible. Puede ser simplemente que nuestras reflexiones sobre el ser amado nos lleven a cierto esclarecimiento, a tener una nueva conciencia y adquirir una nueva perspectiva. O podemos encontrarnos en un nivel de madurez que nos permite ver al ser amado bajo una nueva luz.

Me permitiré reconocer los descubrimientos sobre las características, el carácter, los gustos, las preocupaciones, los amores y las angustias de mi ser querido. Aunque la nueva información esté en conflicto con mis creencias y percepciones previas, puedo reflexionar a partir de la imagen más completa y plena que ahora tengo.

Desearía haber sabido entonces lo que ahora sé acerca de la razón por la que hacía ciertas cosas.

La vida puede ser comprendida hacia atrás,
pero debe ser vivida hacia delante.

SOREN KIERKEGAARD

La mirada retrospectiva sirve para ubicarnos y ubicar nuestra experiencia de vida en un panorama más amplio. No podemos aspirar a comprender la vida tan concienzudamente en el momento en que realizamos cada acción diaria. Cuando estamos cercanos a otra persona pero se nos va el tiempo en las actividades cotidianas, el ritmo agitado y las energías agotadas, quizás tengamos las mejores intenciones del mundo de ir más allá de la superficie de algunas cosas, de investigar los sentimientos de otra persona, de hablar sobre las motivaciones y los patrones de comportamiento, pero no tenemos la oportunidad de hacerlo.

Esto es cierto incluso en el matrimonio, o entre hermanos y amigos cercanos: asumimos que comprendemos a partir de nuestra observación lo que dicen a diario, sus expresiones superficiales, sus actividades habituales. Pero la retrospección condensa los años de la relación. Quizás nos proporcione el contexto para una comprensión más profunda de la forma de actuar y pensar del ser amado. Y esta mayor comprensión a veces trae consigo remordimiento, pesadumbre por no haber estado más en sintonía en vida del ser amado.

Podemos hablar sobre nuestras reservas o remordimientos y airearlos, pero concentramos exclusivamente en ellos sirve tan solo para impedir que vivamos el presente y que esperemos el futuro con ilusión. Quizás contemos ahora con información nueva que nos haga posible armar un cuadro de la relación que tuvimos con el ser amado y que difería de la que pensábamos que teníamos. No es necesariamente mejor o peor—solo diferente. Y podemos perdonarnos por no saber entonces lo que sabemos ahora.

Simplemente debo vivir mi vida de la mejor forma posible en el ámbito cotidiano sin castigarme por no haber entendido algo cuando ocurrió en el pasado. Si yo hubiese tenido una comprensión exhaustiva de todo los aspectos de mi pasado cuando ocurrieron, no tendría nada que lamentar; pero también es cierto que no tendría las recompensas, pues no habría habido necesidad de explorar ni de tomar riesgos.

Mi forma de ver la vida ha cambiado para siempre. Ahora significa mucho más para mí.

No hay cura para el nacimiento y la muerte excepto disfrutar el intervalo. El oscuro trasfondo que proporciona la muerte pone de relieve en toda su pureza los tiernos colores de la vida.

GEORGE SANTAYANA

Nada cambia nuestra perspectiva de la vida más que sobrevivir a un ser amado o haber estado nosotros mismos al borde de la muerte. Una madre joven comentó que hasta los colores de las cosas a su alrededor parecían más brillantes después de haber estado a punto de morir.

Como sobrevivientes, quizás tengamos una experiencia semejante. A lo mejor nos encontremos maravillados con las personas y con las cosas en las cuales nunca antes nos habíamos concentrado. En el proceso de "reingresar al mundo" tras sufrir una pérdida, nos encontraremos con personas y actividades y las juzgaremos de manera diferente. Seguramente sentiremos cierta reverencia por aspectos de nuestra existencia que antes dábamos por descontados.

Reconoceré que he sido cambiado por la muerte, que muchas de mis percepciones y valores han cambiado. Me tomaré un tiempo para apreciar los "tiernos colores de la vida," y encontraré consuelo en su belleza y fortaleza en su presencia.

¿Cómo sabe uno que ya sanó?

Qué herida alguna vez sanó que no fuera gradualmente.

WILLIAM SHAKESPEARE

Cuando nos hacemos daño físicamente, cuando sufrimos una herida o un rasguño, no esperamos que a los dos minutos podamos mirar la lesión y encontrarla sana. Si hemos tenido una cirugía mayor, no esperamos estar totalmente recuperados en pocas semanas. De manera semejante, cuando hemos sido operados del corazón y del alma, cuando perdemos a un ser amado, no podemos contar con que sanaremos rápidamente.

Pero así como el cuerpo se repara, así como las células nuevas reemplazan las que han sido lastimadas y la piel sana y recuperamos la salud física, así es con la pena. Poco a poco nos estamos recuperando. Puede suceder tan lentamente al comienzo que a lo mejor no lo reconozcamos y no lo percibamos, pero sucederá.

Debo confiar en el proceso de duelo y saber que, aunque yo no piense ni sienta que estoy progresando, la curación se está llevando a cabo dentro de mí. La curación ocurre por etapas, y la mayor parte del tiempo es invisible, pero en la medida en que repaso y expreso mis reacciones a la muerte, me voy recuperando. Mi corazón y mi mente se están acostumbrando a la pérdida, y estoy aprendiendo a utilizar mis recursos para continuar la vida de una forma cambiada.

No he hecho nada que valga la pena desde que él murió, ¿de qué sirve?

Cada pequeña tarea de la vida cotidiana
forma parte de la armonía total del universo.

SANTA TERESA DE LISIEUX

A veces es fácil convencernos de que nuestra existencia es absoluta y totalmente insignificante, que puesto que no estamos haciendo ninguna contribución sobresaliente, nuestra vida carece de significado. Los sobrevivientes dicen a menudo: "Nada importa. No puedo cambiar nada. No tiene sentido hacer grandes esfuerzos."

Todos conocemos esta forma de sentir, en nosotros mismos o en otros. Pero cada persona es importante. El universo es solo la suma de sus partes, y cada uno de nosotros es una de esas partes. Cada tarea pequeña que hacemos es un fragmento del todo, una parte de todo lo que nos rodea.

Imagine mirar el mundo desde arriba, desde el aire, y observar los trillones y trillones de acciones que se llevan a cabo en una fracción de segundo. Luego, imagine que cada persona que ejecuta una tarea se preguntara, "No estoy haciendo nada que valga la pena, así que, ¿qué sentido tiene?" Como resultado, toda actividad cesaría de repente hasta donde la vista alcanza. El murmullo y el orden, la creación y la preparación se han detenido en todas partes. Ahora nada está en estado de producción o de cambio, de crecimiento o nacimiento, o incluso de muerte. Nada ocurre. Y todos nos encontramos ocupando un vacío en el cual la armonía de las acciones de las personas ya no es necesaria, ni siquiera posible.

Lo que hago es importante, por insignificante que me parezca. Cada pequeña tarea tiene su lugar en el esquema general de las cosas. Quizás podría argumentar que si dejara de hacer lo que hago todos los días, nadie lo notaría. El mundo no se detendría. Pero mi contribución, a través de mis acciones, forma parte de vivir en un mundo activo. Forma parte de tener una conciencia y un futuro. Lo que yo hago vale la pena porque contribuye a los procesos de vida de quienes me rodean.

Me la paso pensando en cosas que quisiera poder decirle. Surgen los mismos pensamientos una y otra vez.

Anote los pensamientos del momento.
Los que llegan sin buscarlos son
generalmente los más valiosos.

FRANCIS BACON

A veces hay cosas en las que no logramos dejar de pensar, o emociones que no nos dejan tranquilos, y queremos desesperadamente ser capaces de hablarlo con el ser amado que perdimos.

Una idea que regresa una y otra vez o un sueño que se repite incesantemente merece nuestra atención y nuestro tiempo. Cuando tenemos pensamientos que persisten o los mismos temas en los sueños semana tras semana, debemos reconocerlos y darles espacio para su expresión.

Podemos anotarlos. Al hacerlo, veremos que nuestros pensamientos darán un nuevo giro. Seremos capaces de analizar lo que hemos escrito, enriquecerlo, descomponerlo, comprenderlo. Y, lo que es igualmente importante, el pensamiento o el sueño perderá su dominio sobre nuestra mente. Lograremos liberarnos de su influencia leyendo lo que hemos escrito sobre él o añadiendo reflexiones a lo que escribimos.

Cuando tengo un pensamiento o un sueño que recurre, le daré espacio. Lo anotaré y lo leeré en privado, lo compartiré en un ambiente de apoyo, o lo exploraré a solas. Una vez que lo haya ventilado, habrá perdido su poder de extender su sombra constante sobre mis otros pensamientos o consumir mi energía mental.

¿Existe una forma de deshacerse de estos sentimientos de culpa? Hace un año que me siento culpable.

Uno no ha vivido un día perfecto . . . a
menos que haya hecho algo por alguien
que nunca podrá pagárselo.

RUTH SMELTZER

Posiblemente suframos de grandes remordimientos por haber sido descuidados, fríos o lejanos al ser amado. Independientemente de si estos sentimientos son imaginarios o reales, causan profundo dolor. Hemos hecho algo—o *pensamos* que hemos hecho algo—que no podemos echar atrás.

Vivir con estos sentimientos persistentes es una tribulación diaria. Nos acusamos y no podemos, al parecer, redimirnos. Pero hay una salida: podemos concentrarnos en lo externo, en otra persona o grupo que precise algún tipo de ayuda social, física o emocional. Podemos echar un vistazo a esa persona o ese grupo para ver qué les podemos ofrecer. Podemos buscar una forma de hacer por otra vida (u otras vidas) lo que nos parece que dejamos de hacer en el pasado. Al tratar de hacer algo por otro que no está en posición de retribuir el favor, nos damos la oportunidad de redimir errores y compensar fallas propias. Nos estamos dando la oportunidad de aumentar la autoestima para poder sentirnos orgullosos de nosotros mismos en lugar de sentir vergüenza.

En el pasado hice cosas que quisiera poder deshacer—pero es demasiado tarde. No obstante, puedo hacer cosas nuevas en la vida que me ayuden a dar marcha atrás a la imagen que tengo de mí mismo. Puedo identificar a una persona o un grupo que pueda utilizar mis capacidades, talentos o compasión. Entonces puedo dedicar mi tiempo, energía y atención a las necesidades de otros. No contribuiré dinero. Daré de mi persona. Experimentaré, de primera mano, los beneficios de dar, el placer puro que proviene de mejorar la calidad de la vida de otro.

Nada cambiará nunca. Así es.

La infelicidad humana debe detenerse en algún lugar:
Ningún viento levanta una tormenta eternamente.
EURÍPIDES

A veces, es casi imposible imaginar que nuestra situación puede cambiar. Pero cambia, al fin. Después de un período tormentoso de sentimientos encontrados y de tristeza prolongada, viene la calma. Cuando nos convencemos de que estamos al mismo borde de la desesperanza, el miedo, la culpa o la tristeza eterna, recibimos el alivio. Gozamos de un espacio para respirar que a la larga lleva a días que tienen valor personal y que nos ofrecen la posibilidad de profesar afecto. Entonces reconocemos que ningún período de infelicidad es interminable o implacable; es, más bien, cambiante.

Así como hemos padecido en el pasado la desesperanza, también podemos ser reanimados.

Cuando piense que ya no puedo más, me sentaré en tranquilidad y comodidad en una habitación a solas. Cerraré los ojos y me concentraré en relajar el cuerpo. Recordaré que el tiempo de alivio llega después de los largos períodos de desesperación. Cada día que he sufrido dolor emocional será remplazado por un día que me ofrece alivio, solaz e inspiración. Debo tener fe en que tendré horas, días y, finalmente, meses de paz interior.

¿Cómo se supone que vuelva a mostrar felicidad?

La felicidad no es un estado al cual llegar,
sino una forma de viajar.

MARGARET LEE RUNBECK

Es difícil escuchar a las personas que nos dicen que nos sentiremos mejor. Estos consejos son especialmente difíciles de oír cuando no podemos imaginar cómo podrímos algún día volver a sonreír con convicción o reír sin sentido de culpa.

Pero a medida que salimos del proceso de duelo y empezamos a reinvertir otra vez en nuestro futuro, a tener esperanzas y sueños y planes, a hablar con amigos y a esperar ciertos sucesos con ilusión, es importante recordar que la felicidad no es propiedad exclusiva del recuerdo. Es decir, la felicidad es más que aquello que recordamos; es nuestra forma de ser, nuestra dedicación a nosotros mismos. Al vivir cada uno de los días que tenemos por delante, no es necesario que tratemos de alcanzar la felicidad como un destino, sino vivirla como un recorrido.

Tendré presente que mi felicidad no es una cosa sino un proceso. Es mi forma de viajar por los días venideros. Algunos de mis viajes serán más fáciles, más ligeros y más gratificantes que otros, pero cada día el recorrido es mío y yo soy el guía.

Es difícil interesarse de nuevo en las personas, confiar en ellas.

Creo en las personas, lo cual, supongo,
es una forma de creer en Dios.

VERA RANDAL

Después de sobrevivir a las tribulaciones que nos trae el duelo, es difícil concebir otra vez una vida completa, que se presente como una oportunidad, que abra puertas a nuevas posibilidades y en la cual las personas desempeñen un papel importante. A veces es difícil confiar en otras personas, sucesos y fuerzas superiores, confiar en que seremos capaces de conducirnos en la vida con seguridad y que la tragedia no volverá a golpearnos.

Pero ahora debemos recibir personas en nuestra vida y esperar con ilusión la oportunidad de pasar tiempo en su compañía. Es necesario que nos volvamos a encontrar con aquellos cuya amistad, relación de negocios y comunidad da soporte a nuestra vida. Los humanos somos, por naturaleza, criaturas sociables. No deberíamos tratar de negar ese instinto.

El tiempo que he pasado ha puesto a prueba mi resistencia, mi valor y mis creencias; pero ahora ha llegado el momento de renovar mi fe en los demás y en la comunidad que me rodea. Reconoceré que regresar a una vida plena requiere creer y confiar en otros, además de creer y confiar en mí mismo.

Nunca pensé que podría conformarme con esto.

Uno nunca descubre tierras nuevas sin aceptar
perder de vista las costas durante mucho tiempo.

ANDRE GIDE

Durante el período de duelo, nos sentimos a la deriva, inseguros de nuestro destino. A lo mejor incluso dudemos de que vayamos a sobrevivir. Este estado es aterrador. No obstante, en días mejores, reconocemos que los sentimientos de incertidumbre son parte de la transición necesaria de la vida que conocíamos hacia la vida como será en adelante.

Al lanzarnos así hacia el mar, perdemos de vista las costas a las que estábamos acostumbrados, la vida conocida que llevábamos antes de la pérdida. Pero perder de vista esas costas es el primer paso hacia descubrir las formas nuevas que viviremos—no que sobreviviremos, sino que viviremos. Hay zonas cómodas de amor, placer e independencia en las cuales podremos vivir la vida y finalmente florecer. Es difícil imaginar esta posibilidad muy pronto después de una muerte de un ser querido, pero a medida que pasa cada mes y navegamos hacia nuestro nuevo destino, podemos ir gozando de una visión más clara de la forma en que podemos tocar tierra en territorios nuevos y promisorios.

Al aferrarme a lo que dejé atrás, hago imposible la búsqueda de un lugar estable para comenzar de nuevo. Aceptaré perder de vista las costas conocidas para poder llegar de manera segura y sin tropiezos al nuevo destino elegido.

Cuando me despierto sabiendo que éste será un mejor día, esto contribuye a que, en efecto, sea un mejor día.

Crea que la vida vale le pena y su convicción
servirá para crear el hecho.

WILLIAM JAMES

Durante el proceso del duelo—por protegernos a nosotros mismos—*creamos* nuestra propia realidad. Al comienzo lo hacemos para superar la turbulencia, para sobrevivir; más adelante, lo hacemos de otra forma para analizar el dolor y tratar de encontrar nuevas formas en que tendremos que vivir nuestra vida.

De manera semejante, a medida que trabajamos en la resolución de la pérdida, podemos crear la realidad que queremos que sirva de piedra angular de nuestra vida modificada. Podemos hacerlo empezando cada día con la convicción del valor de nuestra vida y con la confianza en nuestro comportamiento. Podemos hacerlo con la tranquilidad de que habrá placer y promesa, amor y recompensa. Al pensar que es así, lo haremos posible. Lo convertiremos en un hecho.

No le temeré a la vida. Más bien reconoceré todas las razones por las que mi vida vale la pena. Entraré a cada día con la creencia de que la vida me reserva oportunidades, placeres, retos que puedo disfrutar, y momentos gratificantes. Con esa convicción, puedo empezar a darles forma a los días para que se ajusten a mis deseos y necesidades.

TRES

Resolución

Sin preaviso, empecé a llorar.

La pena, como el océano, tiene sus mareas.

PROVERBIO

Puede que pasemos varios meses, incluso años, de estabilidad emocional y entonces de repente algo que vemos u olemos—alguna situación o lugar—nos recuerda al ser amado y rompemos a llorar.

Una viuda cuenta que empezó a llorar en el supermercado, otra en el banco, otra en la oficina de correos. Un padre cuenta que se echó a llorar en el estadio de béisbol, otro padre en la boda de un amigo. Una mujer que había perdido a su hermano cuenta que tuvo que detenerse al borde de la autopista por la enorme emoción que le sobrevino al oír una canción en la radio. No hay preparación para estas explosiones repentinas de tristeza, estas sesiones espontáneas de llanto. Son solo la prueba de que el dolor de la pérdida todavía puede aflorar por causa de sucesos externos. Aunque no seamos conscientes de nuestro dolor la mayor parte del tiempo, todavía nos acompaña.

Pero así como estas corrientes de tristeza se desbordan, también retroceden. Ocurren cada vez menos a menudo, permitiéndonos regresar a un funcionamiento normal con una menor amenaza de "ataques de tristeza." Cuando estamos en medio de un momento de vulnerabilidad emocional, debemos recordar que la marejada de tristeza retrocederá de la misma manera que avanzó. Una vez más, seremos capaces de recuperar la compostura y de confiar en que volveremos a concentrarnos en el momento que vivimos.

Cuando siento una inundación inesperada de tristeza, no temeré ni sentiré decepción. Contaré con la seguridad de que pasa y de que con el tiempo disminuirán las impredecibles marejadas de dolor. El océano de mi pena retrocederá, dejándome limpio de tristezas. Si se repiten estas situaciones, no es porque no haya sanado; es porque tengo una reserva ilimitada de entrega que siempre estará allí para el ser amado que murió. Es prueba del vínculo que compartimos.

A veces mi soledad me hiere tan hondo en la noche que pienso que no venceré.

La soledad del hombre no es sino su miedo a la vida.

EUGENE O'NEILL

A primera vista, la afirmación de O'Neill parece casi malvada, en los límites de la acusación. Pareciera que acusa de cobardía a las personas que se sienten solas.

Pero en muchos aspectos la soledad es un temor a la vida, a nuestra vida que ahora es diferente. Una vez que nos damos cuenta de la relación que existe entre los dos, podemos identificar maneras de mejorar la situación. Podemos darnos la oportunidad de lograr pequeños éxitos durante el día—superar un momento difícil, asumir el control de situaciones complejas, dar un paso en firme hacia el logro de una meta, aunque sea la más pequeña.

Aunque sentimos la falta del ser amado y de la vida que ambos compartimos, podemos reconocer que de muchas formas esta vida cambiada puede ser atemorizante de muchas maneras. Para adquirir confianza en que podemos enfrentarnos a los retos mayores, es necesario tomar control sobre los pequeños retos de la vida.

Poco a poco seré capaz de enfrentarme, sin temor, a segmentos cada vez más grandes de mi vida. Me daré permiso para hacer cambios lenta y deliberadamente hasta que pueda deshacerme del miedo tan amplio y profundo que intensifica mi soledad. Poniendo bajo control problemas pequeños, puedo adquirir seguridad para afrontar los más grandes.

Pienso en lo corta que es la vida.

Así vivimos, siempre de salida.

RAINER MARIA RILKE

Nuestra mortalidad ha sido expuesta con mayor evidencia por el hecho de que haya muerto el ser amado. De hecho, todas las vidas nos parecen ahora menos permanentes. Quizás nos demos cuenta de que hemos dado un paso atrás desde el pequeño microcosmos de nuestro mundo para mirar el universo más amplio de nuestras vidas. Miramos hacia atrás, hacia las generaciones que nos precedieron, y luego hacia el futuro, a las que seguirán después de nosotros. Cada nacimiento, cada suceso importante de la vida adquiere un nuevo significado.

La perspectiva de mi vida ha sido ampliada. La brevedad de todas las vidas ha sido puesta de relieve. Utilizaré lo que he aprendido para elevar la calidad de mi vida, así como el efecto que puede tener sobre la siguiente generación.

Estoy mejor. No siento tanto dolor, pero nunca podré ser realmente feliz otra vez.

La felicidad no consiste en tener lo que se quiere,
sino en querer lo que se tiene.

HYMAN JUDAH SCHACHTEL

Hemos llorado nuestra pérdida y ahora estamos tratando de regresar a nuestra vida diaria personas intactas y funcionales, pero miramos lo que tenemos por delante y pensamos que nunca realmente podremos ser felices. No podemos, nos parece, sentir verdadera felicidad personal, porque todo lo que nos haría felices se ha marchado. Más que nada, la felicidad es que el ser amado esté con vida y con nosotros. Es llevar una vida que sea como la que llevábamos.

Esa es la felicidad absoluta, pero existen también otras visiones de la felicidad. Podemos mirar lo que hemos recibido en la relación con el ser amado y, lo más importante, lo que conservamos para usar permanentemente en la vida. Podemos permitirnos querer lo que ahora tenemos.

Me daré cuenta de que quizás necesite reaprender mi propia felicidad. Puedo evaluar lo que he rescatado del desastre de la pérdida y lo que más valoro de lo que todavía tengo conmigo. Reconoceré que la felicidad realmente radica en apreciar y desear lo que ahora tengo, el legado positivo de mi relación.

Tengo tanto miedo de que la olvidemos, de que llegue el día en que no podamos recordar todo lo que queremos recordar. Siento que su recuerdo se nos está escapando.

Quien se ha marchado, de modo que atesoremos
su recuerdo, mora en nosotros, más potente—digo
más aún—más presente, que cuando vivía.

ANTOINE DE SAINT-EXUPÉRY

Quizás temamos que se nos olvide algo que queremos desesperadamente recordar acerca del ser amado. Tememos que no seremos capaces de recordar cierta mirada, o costumbre, o acción—algo que la persona decía, la forma en que lo decía. Sin embargo, cuando tratamos de aferrarnos con demasiada fuerza a los recuerdos, los apretamos tanto que se escapan.

Es mejor que ayudemos a los recuerdos a vivir. Podemos hacerlo grabando, o escribiendo, las cosas que decía el ser amado, la manera en que actuaba o cómo era. Quizás podamos dejar registrados los momentos especiales, las épocas que más disfrutamos juntos. Podemos recopilar notas, fotografías, cartas y recortes en un lugar de modo que tengamos un banco de recuerdos tangibles para visitar cuando queramos. También podemos invitar a otros que hayan conocido al ser amado a que contribuyan sus recuerdos u observaciones especiales.

Cuando tema olvidar algo de mi ser amado—una palabra, un momento, una mirada, una costumbre, un gesto—lo grabaré. De esta forma construiré un tesoro viviente que me dará consuelo a mí y a los demás en los días y años por venir.

Quiero escribir sobre ella, pero no sé por dónde empezar.

Alaba el día en la noche, y la vida al final.

PROVERBIO

Escribir acerca de los seres amados puede ser muy útil para revivir sucesos, aliviar la ansiedad y concentrar los pensamientos. Quizás quisiéramos escribir acerca del ser amado para que otros puedan conocerlo. O a lo mejor quisiéramos escribir tan solo para nuestro provecho y no queramos mostrarles lo escrito a otras personas.

Podemos empezar repasando mentalmente las diversas facetas del carácter del ser amado, su personalidad, su vida—incluyendo la niñez, la escuela, sus intereses, sus capacidades y costumbres originales, sus relaciones familiares, sus relaciones amorosas, el trabajo y demás, según el contexto en el cual lo conocimos durante su vida.

Quizás decidamos utilizar fragmentos de lo escrito como una forma de rendir homenaje a la memoria del ser amado y de honrar su vida. Si este es el caso, podemos elaborar un folleto, una carta, un poema que podamos reproducir y entregar a aquellos que fueron más cercanos a esa persona. Este tipo de empresa puede ser a la vez esclarecedora e inspiradora para aquellos con quienes lo compartimos.

A medida que repaso la vida del ser amado, anotaré todos los rasgos solidarios, atentos, amorosos y generosos de su carácter y sus acciones. Concebiré lo escrito como un canto de alabanza, un regalo al ser amado por haber estado en el mundo y por haber tocado de tantas formas la vida de otros. Quizás elija compartir con otras personas lo que he escrito o quizás me lo reserve.

He perdido parte de mí mismo.

Todos los cambios . . . tienen su melancolía;
porque lo que dejamos atrás es parte de nosotros mismos;
debemos morir a una vida antes de entrar a otra.

ANATOLE FRANCE

Cuando muere un ser amado, perdemos parte de nosotros mismos. Ahora debemos abrir camino desde la vida que conocíamos a una vida que es un signo de interrogación. Y no podemos entrar a plenitud en la vida cambiada y seguir hacia delante hasta que no nos hayamos zafado de la vida anterior con el ser amado.

Zafarse no significa dejar de amar. No significa que no recordemos ni nos importe ni anhelemos o lloremos. Significa que admitimos que nuestra vida ahora tiene una dimensión adicional. Ahora están incorporadas a nuestra vida actual las más maravillosas partes de la vida que vivimos con el ser amado cuando estaba con nosotros en la tierra. Solo podemos seguir hacia delante cuando reconocemos que no se trata sencillamente de dejar atrás una parte de nosotros mismos, sino de llevar hacia el futuro una nueva parte de nosotros que representa el vínculo que compartimos con el ser amado. Soltamos un segmento de nuestra vida para crear y perpetuar otro.

Es necesario dejar atrás y zafarme de la vida como la vivía con el ser amado. Aunque quisiera que no fuera así, esa vida ha sido vivida en su totalidad. En adelante, puedo llevar conmigo todo lo que fue maravilloso, positivo, amoroso y fuerte de esa relación. Lo llevo conmigo a todas partes. Entro a mi vida cambiada llevando conmigo hacia el futuro todas las partes más laudables, esperanzadoras, buenas y gratificantes del pasado.

Un día, más o menos un año tras la muerte de mi ser querido, me di cuenta de que alimentaba mi propia infelicidad. Sabía que debia pensar en ayudar a otra persona y dejar de concentrarme tanto en mí mismo.

Una de las hermosas compensaciones de esta vida
es que nadie puede sinceramente tratar de
ayudar a otro sin ayudarse a sí mismo.

CHARLES DUDLEY WARNER

Durante el período de duelo, es natural que llegue un tiempo en que nos sintamos muy limitados de energía, en que sintamos que no tenemos la capacidad para cambiar nada, o para lograr cualquier cosa que valga la pena. Así que pensamos, ¿para qué intentarlo?

No nos hace daño sentirnos así durante un breve período, pero cuando la misma inercia se prolonga largo tiempo, debemos hacer un esfuerzo por salir del hoyo de la desesperación. Podemos hacerlo evaluando lo que hay que hacer para ayudar a otros. Podemos preguntarnos quién más está sufriendo por causa de esta muerte. ¿Quién más pasa por una época de dificultades emocionales, por alguna razón ajena a esta muerte? ¿Qué persona, entre mis amigos, mi familia, mis vecinos y mis compañeros de trabajo tiene en este momento una especial necesidad de recibir un gesto bondadoso?

Cuando me sienta muy decaído y al parecer no logre levantarme, buscaré a mi alrededor alguien a quien ayudar. Otras personas también sufren a raíz de esta muerte. Y hay personas en mi vida que atraviesan épocas difíciles. Haré un esfuerzo consciente por ayudar a otra persona a sentirse mejor emprendiendo alguna acción que sea exclusivamente para beneficio de esa persona. Sé que al ayudar a otro también estoy ayudándome a mí mismo.

Aún ahora, casi dos años después, recuerdo algo y quisiera que hubiéramos tenido oportunidad para . . .

La nostalgia . . . parece generalmente ser una
expresión de pesar por las oportunidades perdidas,
y no por los logros o placeres pasados.

ANTHONY STORR

Cuando hemos pasado por la peor parte de la pena y hacemos una pausa para mirar retrospectivamente a la vida que vivimos con nuestro ser amado, todavía es posible que sintamos pesar por algo que no tuvimos la oportunidad de hacer juntos—por no dar un paso que habría sido deseable, por perder una oportunidad que habríamos compartido como resultado de una decisión laboral diferente, por no irnos juntos de vacaciones, por no habernos convertido en padres, por no asistir a los eventos deportivos o musicales del ser amado, por no participar más activamente en la vida de un hermano o de una hermana. Éste es el tipo de reflexión dolorosa en la que se ocupan más a menudo los dolientes.

Cierto grado de pesar es comprensible pero, ¿por qué no tomar la decisión de recordar con igual intensidad los éxitos, los encuentros valiosos o momentos especialmente placenteros? ¿Por qué no equilibrarlos con las oportunidades perdidas? ¿Por qué no admitir que la vida nunca es del todo buena ni del todo mala? Ninguna vida está hecha solo de oportunidades perdidas, así como ninguna vida está hecha exclusivamente de logros y placeres.

Cuando caigo en la nostalgia y empiezo a lamentar alguna parte de la vida debido a mi distracción o ineptitud—o las del ser amado—recordaré que debo tener presentes los logros y los placeres. Recordaré cada detalle de estos una y otra vez, hasta que cualquier remordimiento reciba el contrapeso de los recuerdos valiosos.

Hablo con él y hablo de él. Todavía digo "nosotros" en lugar de "yo."

Debo advertirles que no se sorprendan si hablo acerca de los Muertos como si estuvieran vivos.

V.S. YANOVSKY

Aun después de que hayamos superado con éxito la maraña de reacciones y sentimientos relacionados con el duelo y creamos que finalmente asimilamos en nuestra vida actual el hecho de la muerte del ser amado, todavía tendremos momentos en los que pensaremos en los seres amados difuntos como si estuvieran vivos.

Quizás tomemos nota mental de algo que queremos decirles cuando los veamos, cuando nos llamen o cuando nos los encontremos bajando las escaleras o a la vuelta de la esquina. Quizás les hablemos mentalmente o incluso en voz alta. Cuando les hablamos a otros de ellos, olvidamos y utilizamos el tiempo presente o futuro, diciendo, él piensa, ella es, o nosotros iremos.

Estos lapsos son normales y naturales. Reflejan la interdependencia que existía con el ser amado y la profundidad del vínculo. A medida que pasa el tiempo, estos lapsos inocuos serán menos frecuentes.

Acepto que puede tardarme un tiempo asimilar plenamente la muerte del ser amado, o recordar que debo hablar en pasado del ser amado, porque él o ella está siempre presente en mi corazón. Si otros se preocupan por mí cuando lo hago, puedo simplemente decirles que no se preocupen o se sorprendan y que me den un poco tiempo. Al hablar en presente, prolongo el tiempo que tengo la compañía del ser amado, y no me hace daño ni a mí ni a nadie. A la larga, ya no tendré necesidad de hacerlo.

Me ha tardado un buen tiempo apreciar lo que teníamos juntos en lugar de lamentar lo que ya no podemos tener.

¡Qué vida maravillosa he vivido!
Tan solo quisiera haberme dado cuenta antes.

COLETTE

Después de una muerte, tardamos mucho tiempo en hacer las paces con nuestro nuevo estado. Solo gradualmente llegamos a una meseta emocional donde podamos detenernos a analizar lo que pasó—una etapa que nos permita evaluar nuestra relación con nuestro ser amado. Identificamos los aspectos más fuertes de la relación, los más placenteros, y las diversas formas en las que expresamos amor.

Al hacerlo realizamos una especie de inventario de la cosecha emocional. ¿Qué hemos recogido? ¿Dónde lo recogimos? ¿Qué hemos almacenado para que nos ayude en los tiempos difíciles? Todas las anteriores son preguntas valiosas. Nos ayudan a ver el panorama más amplio posible de nuestra vida, el panorama que incluye no solamente este último tiempo difícil, sino todo el rango de experiencias que han tenido que ver con una variedad de personas, lugares, cosas, ideas, recompensas y placeres.

Ahora que la peor parte de la pena ha quedado atrás, veré mi vida como un todo, me permitiré sentir y expresar felicidad sin sentirme inhibido o culpable. Mi vida me ha traído muchas lecciones y pruebas, pero también muchos regalos. Ahora reconoceré esos regalos uno a uno.

Ahora que ella se ha marchado, no creo que yo pueda amar otra vez de esa forma.

La alegría que ha muerto pesa mucho, e intenta derrotarnos,
si la invitamos a quedarse con nosotros para siempre.
MAURICE MAETERLINCK

El tipo de amor y de placer que tuvimos con el ser amado no puede ser duplicado, independientemente de cuántas personas conozcamos, a cuántos hermanos y hermanas nos sintamos cercanos, cuántos hijos tengamos, cuántas veces nos enamoremos. Pero eso no significa que nuestras vidas estén destinadas a carecer de alegría.

A medida que emergemos del otro lado de la pena—y ciertamente *emergeremos*—tenemos una vez más la certeza de derivar placer de las cosas pequeñas. Seremos capaces otra vez de entusiasmarnos con lo que hacemos nosotros u otra persona. Podremos generar emoción con nuestras propias ideas o pensamientos. Y eventualmente, nos abriremos más y más a las personas que nos rodean, que desempeñarán un papel activo en nuestro futuro y que serán en sí mismas fuentes de nuevo amor y dicha.

El mero hecho de haber vivido un duelo tan profundo por la pérdida del ser amado prueba que soy capaz de sentimientos poderosos. No renunciaré a esa parte de mí mismo que es tan valiosa. No la limitaré ni fingiré que no existe. Todavía tengo la capacidad de experimentar placer y de amar. Aunque no tendré la misma vida que tenía con el ser amado, tendré una vida que se abre constantemente a esa posibilidad.

Nunca pensé que la pena pudiera enseñarme tantas cosas.

Es bueno que la pena nos ayude
a crecer en sabiduría.

ESQUILO

Al comienzo de nuestro proceso de duelo, pensamos solamente en superarlo, en sobrevivir a la muerte del ser amado, en salir de la experiencia de una sola pieza sin darnos por vencidos o enloquecernos. No pensamos que la pena pueda enseñarnos nada. No sabemos, ni nos importa, que la pena resultará ser una educadora silenciosa. Eso es lo último que tenemos en la mente. Pero entonces ocurre.

Una de las cosas más cruciales que aprendemos es que tenemos en nuestro interior recursos que no sabíamos que existían. Estos recursos, una vez encontrados, nos sirven para el resto de la vida.

Nosotros, los sobrevivientes, también desarrollamos una sabiduría única que adquirimos como resultado de la pérdida. Lo reconocemos el uno en el otro cuando hablamos en grupos de apoyo, nos encontramos por casualidad en situaciones sociales, o trabajamos en común. Nos resulta difícil definir esta "sabiduría del sobreviviente" excepto para decir que tiene que ver con valorar la esencia misma de la vida, de tener una comprensión más clara del propósito de la vida. Y una vez adquirido, es un conocimiento que ningún sobreviviente quisiera echar por la borda aunque fuera posible hacerlo.

Superar esta pérdida es una de las cosas más difíciles que haré jamás. Es una de las más instructivas. He aprendido lecciones acerca de mí mismo y de la forma en que pienso y actúo que han sido invaluables. He descubierto que tengo fortaleza, paciencia y perseverancia. Sé que poseo una fuente de sabiduría que me acompañará el resto de mi vida y a la cual puedo recurrir siempre que quiera.

La muerte me ha hecho darme cuenta de lo importante que es elegir.

El principio más fuerte del crecimiento
radica en la elección humana.

GEORGE ELIOT

La muerte vierte luz sobre las fallas de nuestra vida. Esto es cierto en todos los casos. Reconocemos aquellas etapas de nuestra vida—a veces años y años—que ahora pensamos que no fueron vividas de la forma en que debieron vivirse. O echamos un vistazo a ciertos aspectos de nuestra forma de pensar o actuar que siempre parecieron tan importantes, y resulta que ya no tienen para nosotros ninguna importancia.

La muerte nos proporciona una oportunidad de efectuar una transformación, de cambiar aquellos aspectos de nuestra existencia con los cuales no estamos contentos. Tras afrontar la muerte del ser amado, asumir la pérdida y salir al otro lado, vemos lo que elegimos por el camino. Ahora podemos seleccionar las opciones que queremos en el futuro. Podemos diseñar la propia vida con renovada fuerza y seguridad, y con más orgullo de nosotros mismos.

Este es un tiempo de elegir. Es un tiempo en que debo analizar las cosas que quiero cambiar y elegir la forma de cambiarlas. Elegiré lo que enriquezca mi vida, me proporcione fortaleza adicional, valide mis dones, y me permita mirar con ilusión hacia el futuro.

Soy una persona muy diferente, con valores diferentes, una persona mucho mejor.

Las crisis refinan la vida.
En ellas uno descubre quién es.
ALLAN KNIGHT CHALMERS

Nada aclara nuestros valores más rápidamente que la muerte. Al sobrevivir a la pérdida del ser amado, repensamos la forma en que habíamos planeado la vida. Quizás reexaminemos nuestras metas o los métodos para lograrlas. Y quizás descubramos un nuevo ser dentro del ser anterior, porque abrir el camino para atravesar la crisis nos puede cambiar internamente. Posiblemente tengamos opiniones más sólidas, metas mejor definidas, criterios más fuertes, enfoques frescos, y nuevos límites al comportamiento. Como sobrevivientes, la máscara desaparece, nuestra veta social es limada, y nuestra disposición a "encajar" puede ser reemplazada por un sólido individualismo. Soy como soy. Soy quien soy. Esto es lo que yo sé que me conviene. ¿Por qué? Porque he soportado la pérdida de mi ser amado, y eso ha agudizado mi visión del mundo y mi lugar en él.

Al ahondar en mí mismo, yendo más a lo profundo de lo que pienso y siento, regreso a la superficie sabiendo lo que necesito y quiero. Reconozco mis descubrimientos y acepto mis nuevos deseos. Más que nada, me permitiré evaluar y disfrutar los cambios positivos que se han llevado a cabo en mí.

¿Cómo puedo hacerles entender a otros el placer que derivo de ciertas cosas?

Ningún dato, por indudablemente detectado que esté, ningún esfuerzo de la razón, por magníficamente sustentado que esté, puede comprobar que la música de Bach es bella.

EDITH WHARTON

Un hombre que perdió a su esposa y luego pasó por un período prolongado y muy duro de duelo anotaba que la música le había "salvado el alma." Explicaba que a lo largo de los días de duelo, la música había sido su compañera constante. Durante muchas horas, se sentaba a escuchar. Se dormía por las noches con música; se despertaba con música. Se le convirtió en parte enriquecedora e indispensable de la vida, cuando antes no lo era.

Debemos incorporar a nuestra vida aquellas cosas que provocan respuestas semejantes. No tenemos que ser capaces de explicarles a otros lo que estamos haciendo o comprobar su valor. El único requisito es que nos permitamos encontrar placer y apoyo en la actividad, como le ocurrió al viudo con su música. Una mujer que había perdido a su hermana descubrió que trabajar con telas le daba tranquilidad, el tacto de sus dedos sobre la tela, crear diseños agradables para hacer colchas de retazos. Otra mujer que había perdido a sus padres sintió una necesidad imperativa de estar cerca al mar, solamente para pararse a mirarlo, o para caminar por el lado del mar, observando piedras y conchas. Otros se sienten absortos por otras actividades—desarrollan un interés súbito por estudiar las estrellas (como en un intento por descubrir "qué hay allá lejos"), observar trenes, o se tranquilizan acampando en el desierto. Sea lo que sea lo que nos resulte agradable o nos ayude a serenarnos debe ser integrado a nuestra vida. No tiene que costar nada, y no tenemos que ser capaces de demostrar a otros que algo nos resulta hermoso, nos da paz o nos enriquece. La prueba está en cómo nos hace sentir. Debemos dárnoslo a nosotros mismos.

Hoy dedicaré tiempo a traer a mi vida aquello que me da consuelo, que me serena y me enriquece. Me daré la libertad de sumergirme por completo en la actividad si esto es lo que quiero. Puedo compartirla con otra persona, si así lo deseo, pero no es obligación. Lo que elija hacer a este respecto, lo hago simplemente porque me conviene. No tiene que ser valorado por los demás. No necesito demostrar la belleza o la serenidad para poder disfrutarlas. Solamente necesito convertirlas en parte de mi vida.

He dejado de sentir la necesidad de obtener respuesta a todas las grandes preguntas.

Solía inquietarme por el sentido de la vida—
ahora estar viva me parece una razón suficiente.

JOANNA FIELD

Un padre que perdió a sus dos hijos en un accidente pasó meses y meses tratando de comprender por qué él estaba todavía acá, qué había hecho para merecer un castigo semejante, qué sentido tenía su vida, qué sentido tenía la vida de cualquier ser humano. Luego, finalmente, llegó a un punto en el que ya no sentía la necesidad de encontrar respuesta a sus preguntas. Pudo adaptarse a un patrón de vida y, por más que fue difícil, conseguir impulso para los días venideros. Lo que experimentó no fue resignación, sino darse cuenta de que había recibido el regalo de la vida y que no era necesario cuestionar su propósito—solamente vivirla a plenitud.

Cuando regresamos a una rutina relativamente normal con las personas, lugares y cosas habituales, seguramente descubriremos que somos más indulgentes acerca de nuestros propósitos. Muy posiblemente seamos menos estructurados en la forma de pensar y más creativos.

Al vivir la pena y procesarla, aprendemos el valor de la vida por sí misma—sin propósitos grandiosos ni expectativas poco realistas. En aquellos días en que estamos surgiendo de la reclusión que la muerte nos ha provocado, podemos sentirnos contentos simplemente de estar vivos.

No me atormentaré con preguntas filosóficas de gran trascendencia. Sencillamente estaré en la vida como nunca antes he estado. Miraré cada día como un regalo.

Siento que él está a mi alrededor, conmigo, quizás incluso que me cuida.

Él había dejado de encontrarse con nosotros
en lugares determinados para poder
encontrarse con nosotros en todas partes.

C. S. LEWIS

Al comienzo, una de las preguntas que a lo mejor nos hagamos—en silencio o en voz alta—es ésta: ¿A dónde se fue el ser amado? ¿Dónde está ahora? Tratar de determinar y luego aceptar a dónde se fue el ser amado tras su muerte adquiere la mayor trascendencia. ¿En dónde es que están—nos preguntamos—los que mueren? ¿Y cómo lo sabemos?

Pero al final, una comprensión diferente surge y madura en cuanto a la existencia del ser amado. Nos damos cuenta de que el ser amado quizás no está sentado en una silla, ni entra por la puerta ni camina por la calle, pero que de todos modos está presente. El espíritu de la persona cuya vida compartimos íntimamente nunca se disuelve, nunca parte, nunca nos abandona. La persona quizás ya no esté frente a nosotros, porque está en todas partes.

No cuestionaré dónde está mi ser amado; más bien, aceptaré su presencia en derredor mío, en todo lo que hago, dondequiera que voy, como un compañero a quien no necesito darle entrada a mi casa o a mi corazón porque ya está allí.

Incluso teniendo en cuenta el dolor, no habría prescindido de este tiempo de dolor.

Un joven interrogaba a un solitario anciano.
"¿Cuál es la carga más pesada de esta vida?" preguntó.
Y el anciano le respondió con pesar,
"No tener nada que llevar."

ANÓNIMO

Aunque nuestra pena sea un peso, y además una carga extremadamente pesada, que hemos estado soportando un tiempo, no nos hace daño detenernos de vez en cuando, reacomodar la carga, y reflexionar por un instante en lo que esto significa.

Una vez más, podemos recordar que nuestra pena, por horrenda que haya sido y pueda seguir siendo, representa una valiosa dimensión en nuestra vida. Es una dimensión que no existiría si no hubiéramos tenido la oportunidad de amar en la medida en que amamos. Así que nuestra pena es una carga que seguimos llevando con gratitud. Si no hubiéramos conocido al ser amado, si nunca hubiéramos tenido en la vida la oportunidad de sentir la emoción y el vínculo que dieron pie a esta carga, qué desoladas habrían sido nuestras vidas. William Faulkner ponía esta verdad en relieve cuando decía, "Entre el dolor y nada, me quedo con el dolor."

El amor que compartí fue un regalo. Tengo ahora una pesada carga que llevar, pero al llevarla recordaré, siempre que sea necesario, que la alternativa sería vivir en este mundo sin haber tenido esta relación especialmente amorosa. El dolor emocional que he padecido y al que ahora me enfrento de vez en cuando representa el amor que fue y que es la porción más rica de mi vida.

A veces me ausento dos o tres días tan solo para poder sentarme a pensar y escribir sin tener que preocuparme por nadie más.

Pensar es la conversación del alma consigo misma.

PLATÓN

Para algunos, el período en que resolvemos la pérdida es también una oportunidad de comprendernos mejor, de desarrollar la compasión y la capacidad de crear un vínculo más fuerte con quienes nos rodean. En ese sentido, es un rico período que nos lleva hacia lo profundo de nuestro ser y nos impulsa a escudriñar los rincones oscuros del alma—a contemplar los descubrimientos que hemos hecho.

La muerte del ser amado puede dar pie a una extensa y complicada exploración personal. Escribiendo lo que pensamos podemos derivar una maravillosa sensación de alivio. Estos escritos pueden incluir situaciones propuestas por nosotros mismos. O pueden ser cartas a nosotros mismos y que incorporan observaciones y percepciones e identifican fortalezas y debilidades.

Cuando desee retirarme en mi propio interior para explorarme a mí mismo, dispondré un tiempo y lugar privado que lo permita. Puedo explorar mis pensamientos extensamente en un diario. Entre otros beneficios, este ejercicio me ayudará a llegar a esclarecimientos nuevos y a afirmar ciertas convicciones.

Solía tenerle pavor al futuro.

Lo mejor acerca del futuro es que llega un día a la vez.

ABRAHAM LINCOLN

En medio de la pena, muchas veces percibimos los días que vendrán como algo a temer, un bloque macizo de futuro que tendremos que "superar" de una u otra forma. Pero el futuro no es un bloque macizo. No es un bloque todo en uno que debemos empujar como fatigadas bestias de carga que cumplen su ardua labor. El futuro es una serie de oportunidades que llegan de una en una.

Una mujer sobreviviente decía, "Descubrí que la mejor forma de iluminar mi perspectiva hacia la vida era hacer lo siguiente: Primero hice un esfuerzo consciente por hacer algo por mí misma todos los días. Generalmente se trataba de algo que hacía puramente para mi disfrute. Un día era comprar café moca en la librería y hojear libros durante una hora. La noche siguiente era un largo baño oyendo música, o era comprar flores, o llamar a una amiga en la Costa Este con quien no había hablado hacía días. Podía ser cualquiera de muchas opciones."

Luego explicó que ella también había convertido en meta hacer algo por otra persona. "Nosotros, los sobrevivientes, debemos recordar que hay también otras personas con heridas. No se requiere un genio—agregaba—para entender que una de las cosas que se pueden hacer es mejorar el día de otra persona. Y no requiere mucho tiempo ni dinero." Luego explicaba que utilizaba este método de recompensa para ella y para los demás para sacudirse y zafarse esos sentimientos de desesperanza y desolación. "Antes de que me diera cuenta—decía—había cambiado drásticamente el tono de mi vida."

Al participar en pequeños actos que nos recompensan a nosotros mismos y a los demás, podemos reemplazar nuestro propio estado de desesperanza con uno de recompensa y competencia personal.

Mi futuro no es una especie de gran aglomeración de martirizantes mañanas. Es una serie de días en los cuales hay oportunidades para dar y recibir placeres pequeños pero significativos. No me veré como víctima de mi futuro, sino como su arquitecto.

No quiero ponerme en una posición en la cual pueda ser herido. No puedo correr ese riesgo.

El problema es que si uno no arriesga nada,
arriesga todavía más.

ERICA JONG

Hay una sabiduría necesaria que nos permite, como sobrevivientes, protegernos. No queremos sentirnos todavía más vulnerables de lo que somos. No queremos comprometernos a hacer cosas que requieran demasiada fortaleza, resistencia o tiempo, porque no estamos seguros de cómo nos sentiremos. Esta autoprotección sirve un propósito importante. Nos permite reunir suficiente fuerza para levantarnos de nuevo.

Pero llega un momento en que nos unimos de nuevo al mundo. Regresamos al trabajo, nos reintegramos al círculo de amigos, salimos al barrio o empezamos a participar en asuntos comunitarios. Durante este tiempo, quizás nos preocupe tomar riesgos—los riesgos de nuevas actividades, los riesgos de comenzar nuevas relaciones, los riesgos de comprometernos con algo.

Pero el riesgo es inherente a la vida, a la cotidianidad. El riesgo es parte de todo lo que tiene vida. Si no apostamos, si no nos motivamos a actuar cuando nos cuesta trabajo, aun así estamos corriendo un riesgo: Estamos arriesgando que nuestra vida se vuelva limitada, sin sentido y descolorida. Así que debemos arriesgar algo para poder experimentar todo nuestro potencial. No hay alternativa.

Sé que en algún momento debo trascender la seguridad de la inercia, la indiferencia o la negación. Necesito participar, conectarme, ser parte del mundo. Aunque al comienzo quizás sienta que me estoy lanzando hacia terrenos impredecibles, me daré cuenta de que no hacerlo sería arriesgar la integridad de mi vida.

Sé que nunca volveré a tener un amor como ese.

La suprema felicidad de la vida es
la convicción de ser amados.

VICTOR HUGO

Cada persona que nos ama nos da un amor que no puede ser duplicado por otra persona. Si todas las personas que ahora amamos y que son amadas expresaran y sintieran exactamente la misma clase de amor hacia nosotros, nuestra vida sería menos rica.

Así que aunque ya no podamos recibir aquel amor único del que la muerte nos ha despojado, sabemos que todavía podemos experimentar calidez y afecto al aceptar y respetar las relaciones amorosas que aún tenemos.

Duele y está mal que nos concibamos como personas carentes de amor o imposibles de amar. Más bien, debemos reconocer que somos capaces de amar de diversas maneras. Nuestra felicidad, de hecho, se basa en el amor, y no debemos aislarnos de la posibilidad de experimentar nuevas relaciones amorosas. Si hemos perdido a uno de los padres, podemos establecer una nueva relación con una figura paternal o maternal; si perdimos a un hijo, podemos iniciar una relación con otros niños de la misma edad del que perdimos y que tenga algunos de los mismos intereses y necesidades. Si perdimos a un hermano o hermana, podemos buscar al hombre o a la mujer con quien pueda establecer una amistad especialmente cercana. Al hacerlo no estamos tratando de sustituir a una persona por otra o reemplazar un amor por otro, pues eso es imposible. Estamos extendiendo la mano hacia nuevas relaciones que tendrán su propio valor o recompensa.

He perdido una relación única y amorosa que no puede ser duplicada. Reconoceré que si pudiera ser duplicada, mi vínculo con el ser amado no habría sido tan fuerte. Ahora miraré a las otras personas de quienes recibo amor y valoraré su amor, me daré cuenta de que contribuyen a mi felicidad, cada uno de manera especial. Y aunque añoro el amor que tuve, no me negaré a la posibilidad de tener otras relaciones llenas de amor.

Bueno, nunca pensé realmente que mi vida resultaría de este modo.

La realidad puede destrozar el sueño;
¿por qué el sueño no habría de destrozar la realidad?

GEORGE MOORE

Antes de la muerte del ser querido, todos teníamos nuestras expectativas, planes, convicciones y sueños. Entonces cuando ocurrió la pérdida, todo lo que había soportado nuestras esperanzas, lo que nos había dado energía y nos había impulsado, se descompuso. Muy posiblemente hayamos sentido que nuestra vida misma ha sido destrozada sin remedio. Pero una vez que estuvimos en el fondo de la desesperación y sentimos todas las emociones horrendas e imponentes que acompañaron la pérdida del ser amado, empezamos a surgir de nuevo hacia la superficie, hacia un lugar donde podemos permitirnos un sueño.

Ahora es posible reinventar la vida que tenemos por delante. Podemos poner en ella cosas que son buenas para nosotros mismos y para los demás. Podemos cambiar un poco el mundo en que vivimos. Podemos hacerlo porque creemos en el poder y el espíritu de nuestra propia voluntad.

La realidad de mi pérdida pisoteó todas las cosas a las cuales me aferraba, todo lo que había abrigado como esperanza, todo lo que aportaba valor y originalidad a mi vida. Pero ahora puedo recuperarme de esto. He pasado por todos los aspectos dolorosos de la pérdida. Me he entregado a la cruel realidad de la muerte del ser amado y a todo lo que me ha exigido. Ahora reconstruiré mi sueño, y lo pondré en el lugar donde antes residía el dolor. Mi sueño será tan fuerte como la realidad más dura—incluso más fuerte, porque la travesía que tuve que hacer por el más oscuro bosque para llegar a este lugar de creación, me dotó de decisión y poder.

Finalmente soy capaz de aceptar la muerte.

Mi vida parece desapasionada, lenta,
libre de dolor . . . Pensar en ti y en . . . el amor
que tuvimos no aprieta con mano de hierro
mi corazón. Sé, acepto y duermo.

VIOLET TURNER

Después de todo el dolor, llega un momento de aceptación. Sabemos que no necesitamos aferrarnos con tanta fuerza, agarrarnos tan violentamente, añorar hasta que duela. Extrañamos terriblemente a la persona amada que falleció, pero aceptamos la pérdida. La muerte puede haber llegado demasiado pronto o de una forma que nos atormenta cuando pensamos en ella. No obstante, eventualmente aceptamos la muerte en nuestra vida. Empezamos a funcionar de manera más o menos normal—a comer, a dormir, a ser capaces de hablar con la gente. Nuestra vida cambia a medida que incorporamos la realidad de la muerte. Nuestra mente siente un alivio a medida que aflojamos los lazos que atan el ser amado a nuestro corazón.

Si esta noche empiezo a experimentar la profunda soledad y el dolor que descienden más comúnmente al final del día, todos esos sentimientos que me mantienen despierto y vigilante, iniciaré un proceso de aceptación. Imaginaré que los lazos que me unen al ser amado son unas suaves cintas que se aflojarán poco a poco hasta que yo las suelte, hasta que ya no sienta su restrictiva atadura sobre mi corazón. Hacerlo no significa que ame menos; significa que acepto las necesidades de mi cuerpo y mi mente. Significa que confío en mi amor lo suficiente para no tener que atarme a él hasta que me haga daño.

Me sorprenden recaídas en el dolor profundo justo cuando estoy seguro de que estoy mejor.

La dicha y el dolor pueden
vivir en la misma casa.
Ninguna debiera negar a la otra.

TAN NENG

La vida parece otra vez más o menos completa. La risa es posible, incluso la alegría ocasional. Entonces, un día, sin previa advertencia, hay un regreso a las emociones más profundas y angustiosas, que nos retroceden a los primeros días. Nos hacen preguntarnos si de verdad hemos sanado.

Pero esto no es razón para desanimarse. Estas recaídas son también parte del proceso. Una vez que la pérdida del ser amado ha marcado nuestra vida, quedamos expuestos a momentos así, independientemente de lo bien que estemos la mayor parte del tiempo. No sirve tratar de negar esta emoción cuando aflora. Antes bien, debemos dedicar tiempo a mirarla de frente. Debemos prestarle atención. Entonces podemos reanudar nuestra vida donde nos detuvimos, retomar el hilo donde fuimos interrumpidos, y abrirnos a lo que está ocurriendo a nuestro alrededor, a lo que estamos sintiendo y pensando y a lo que necesitamos. Aunque el dolor profundo recurrirá de vez en cuando, cada vez los episodios serán menos frecuentes.

Cuando un torrente de dolor me toma por sorpresa, aun en medio de la felicidad, no trataré de negarlo. Más bien, admitiré que también existe en mi vida, en otro nivel y posiblemente inactivo la mayor parte del tiempo, pero presente de todos modos.

Permitiré el dolor así como permito la alegría. Los dejaré vivir en la misma casa. Cada uno ha desempeñado y seguirá desempeñando un papel primordial en convertir mi vida en una vida emocionalmente íntegra y honesta.

Finalmente, un día no tuve que obligarme ya más.

El corazón mueve los pies.

PROVERBIO HEBREO

Durante lo peor del dolor puede parecer como si cada acto civilizado, toda función simple, incluso cada movimiento que hacemos, fuera forzado. Se requiere un gran esfuerzo para salir de la cama, para ir de la casa al trabajo, o a veces incluso para ir de un lado de la habitación al otro. Pero entonces, eventualmente, a medida que procesamos el duelo, la carga que nos aplastaba se hace más ligera. Mañana parece menos una batalla y más una oportunidad. El lado oscuro de nuestro espíritu cede.

Ocurre gradualmente, pero ocurre. Un día nos damos cuenta de que se requiere menos esfuerzo para las cosas que antes requerían una gran cantidad de energía. Un día nos damos cuenta de que otra vez somos capaces de sentir deleite, inspiración y expectativa.

Confiaré en que mi carga se seguirá disminuyendo con el paso de los días y a medida que la pesadumbre se aligera. Tendré absoluta fe en que llegará un momento en que no necesitaré arrastrarme con gran esfuerzo, de un lugar al otro o de una tarea a la otra. Sentiré entonces que he logrado una nueva fuerza y que tengo un corazón curado que puede impulsarme a lo largo de las exigencias del mañana—un corazón en quien puedo confiar para que "mueva mis pies."

Me he sorprendido sintiéndome culpable porque disfrutaba algo o reía.

La vida puede ser más satisfactoria que el honor;
más preciosa que el dinero;
más renovadora que la oración.

HARRIET ROCHLIN

Es posible que nos cueste trabajo darnos permiso para mostrarnos alegres o para participar en algo placentero—especialmente si estamos en público. Pero hacerlo es un paso importante hacia la resolución de la pérdida. Derivar placer de la vida no significa que seamos desleales a la persona amada que falleció. No significa que ya no nos importe. No significa que seamos insensibles. Significa que para nosotros es hora de permitir que las emociones se desplacen hacia el lado positivo del espectro. Nuestras reacciones y condiciones emocionales no tienen que estar limitadas a quienes están relacionados con nuestra pena. No tiene nada de malo disfrutar, reír, reintegrarse al mundo del placer.

No reprimiré las expresiones de gozo. No temeré unirme a la risa. Más bien, estaré agradecido de que todavía puedo sentir alegría y que puedo manifestarla en compañía de las personas que quiero. Mi ser amado no querría que yo me quedara anclado solamente en las emociones más profundas y oscuras. Esta transición representa la vida que busca nueva vida—no una vida que constantemente vuelve la mirada hacia la muerte.

Ahora todo el tiempo me recuerdo a mí mismo que necesito que mi vida signifique más.

Observe cada camino detenida y conscientemente.
Luego pregúntese, ¿Es este un camino con corazón?
Si lo tiene, el camino es bueno; si no, no sirve.

CARLOS CASTAÑEDA

Una mujer que presta apoyo a sobrevivientes decía: "Hay dos clases de personas en el mundo: las que han pasado por un dolor profundo y las que no. Cuando entro a una habitación llena de extraños, me doy cuenta de quiénes han vivido penas profundas, pues son las personas más compasivas, las más humanas." También es cierto que aquellos que son más humanos, que están más en contacto con su ser interior—con la esencia de sus vidas y las partes significativas de la vida de quienes les rodean—son quienes siguen un camino que tiene corazón.

Hemos aprendido una y otra vez que la muerte define con claridad la vida y nos permite identificar sus aspectos más valiosos. Son aquellos aspectos que no se traducen en ganancia material. Mientras tomamos decisiones importantes acerca de la forma de conducir la vida en los días por venir, es necesario que recordemos que somos libres de analizar cualquier camino que vamos a recorrer, de preguntarnos si el camino tiene corazón, de alejarnos de él si vemos que en realidad no tiene valor humano. Podemos preguntarnos, por ejemplo, ¿este camino me alejará de lo mecánico y material y me acercará a lo humano? ¿Me permitirá ser una persona valiosa para la sociedad—una persona que da, apoya, crea y enriquece?

La vida que tengo por delante consiste de muchos caminos. Elegiré aquellos que encajan con lo que en mi corazón sé que es correcto y verdadero. Utilizaré lo que he aprendido de esta experiencia de dolor para resaltar las cualidades interiores de mi propia vida y las vidas de quienes me rodean.

Estoy haciendo cosas que al parecer valen la pena y que me proporcionan gran deleite.

La felicidad no es una meta, es un subproducto.

ELEANOR ROOSEVELT

Un hombre cuyo hijo falleció de SIDA hablaba sobre lo que el dolor le había enseñado acerca de la felicidad. "Antes de vivir la pérdida de mi hijo, no me concentraba en lo importante. De hecho, toda la familia giraba en tomo a mí y yo no me daba cuenta. Ahora es al contrario. Todos nos buscamos y participamos en lo de todos. Trabajamos en la comunidad para ayudar a otros, y ninguno ha sido antes más feliz."

La felicidad no proviene de la autogratificación. Cuando trabajamos por algo que sabemos es correcto, que creemos verdadero, cuando nos detenemos a escuchar y ayudar a quien necesita compañía, experimentaremos mayor felicidad que en cualquier actividad que se centre en nosotros mismos.

Entiendo que mi felicidad es un subproducto de mi vida. Mi forma de vivir mi vida, las cosas que hago, los problemas que resuelvo, las contribuciones que hago y las penas que alivio en otros, todo contribuye a mi propia felicidad. Al pensar, no en mi propia felicidad, sino en la felicidad de otros, lograré la mía.

Sinceramente no creo que la vida termine acá.

La naturaleza no conoce la extinción;
solo conoce la transformación.

WERNHER VON BRAUN

Algunos tenemos convicciones sólidas. Una de las creencias más comunes entre los sobrevivientes es que el ser amado no "termina" con la muerte. Hay, como lo afirma Wernher Von Braun, "después de la muerte una continuidad de nuestra existencia espiritual." Cómo funciona, por qué funciona, cómo sabemos y cómo no sabemos—todo esto carece de importancia. Lo que es importante es el conocimiento de que lo que quizás percibamos como el final en la tierra no significa que sea también el fin en otra parte.

Muchas personas han hablado sobre experiencias al borde de la muerte en las cuales experimentaron una amorosa, acogedora y pacífica entrada al plano siguiente. Dicen que vieron a los seres amados que los precedieron. Para algunas personas, estos relatos comprueban la existencia de una vida posterior, para otras no. Pero casi todo el mundo está de acuerdo en que hay algo inexplicable que ocurre más allá de la vida como la conocemos acá.

Cuando piense en la muerte, pensaré también en la vida, en la vida que continúa después de que mi cuerpo ya no está acá. Me siento agradecido de que mi ser amado es y siempre será, independientemente de la muerte que ocurrió en la tierra. La muerte no es el fin, es una transformación.

Finalmente puedo visitar el cementerio y sentirme en paz conmigo mismo.

¡Ah! Si usted conociera la paz que
contiene una pena aceptada.

JEANNE DE LA MOTTE-GUYTON

El camino que hemos tenido que recorrer antes de llegar a un lugar de relativa tranquilidad es un camino largo y arduo. Pero una vez llegados al destino, experimentamos alivio y liberación de la tristeza más profunda. La muerte del ser amado no es algo que alguna vez "superamos," pero después de procesar el duelo, de darnos tiempo de sentir la pena, de ver nuestra vida bajo una perspectiva cambiada, al fin podemos aceptar lo que nos ha ocurrido. Este es el regalo que nos hemos dado al vivir la pena y procesarla, en lugar de negarla o transformarla en lo que no es.

Quienes escapan al dolor nunca logran paz interior. Pero debido a que hemos confrontado la pérdida, ahora es posible vivir la vida libres de conflicto interior—o por lo menos relativamente libres. En palabras de un viudo: "Ahora puedo visitar su tumba con flores y paz en mi corazón, en lugar de flores en la mano y espinas en el corazón."

Al confrontar mi pérdida, he adquirido la capacidad de lograr un sentido de paz. Si no hoy, seré capaz un día en el futuro de aceptar mi dolor. Trabajaré en pro de esa aceptación. Ahora me daré crédito por haber llegado hasta este punto, por confrontar toda la gama de sentimientos y condiciones relacionadas con el dolor, y por procesarlos.

Ella siempre está conmigo. Está en mi vida cada día, todo el día.

Vivir en los corazones tras partir,
es no morir.

THOMAS CAMPBELL

El regalo perdurable que cualquier ser amado nos da es su presencia en nuestro corazón. Los recuerdos y el mismo espíritu de la persona perduran en nosotros y en las cosas que atesoramos y hacemos, mucho después de que esa persona ya no está físicamente presente. Eso es algo que nadie nos puede quitar.

Podemos reconocer que el ser amado siempre estará con nosotros, que en épocas de rigurosas pruebas—cuando nos sentimos débiles o especialmente vulnerables—nos acompañará de formas no visibles. Esa presencia puede ser fuente de consuelo o apoyo, de fortaleza y belleza. Nos corresponde a nosotros mismos dedicarnos a integrar ese espíritu amoroso a la continuidad de nuestra vida.

Me sentiré apoyado sabiendo que mi ser amado está conmigo ahora y estará siempre presente en mi corazón. Agradeceré esa presencia.

Índice

abandonamiento, 43, 44, 92, 107
abrazos, 35
aceptar ayuda, 115
aceptar invitaciones, 122–25
aceptar la realidad, 8, 159, 218, 221, 231, 232, 238–39, 241, 250
actividad, 80–81, 85, 228–29
adaptarse, 157
agitación, 80–81
aislamiento, cansancio, 29; contar los problemas a los demás, 128–29; evitar, 182–83; mundo vacío, 13; permitir al cuerpo sentir, 26; repasar las mismas cosas, 120, 201; respetar, 166–67; salir de la casa, 28, 122–25; sentir perdido(a), 22; silencio, 37, 48, 106, 118–20, vulnerabilidad, 15, 27, 124
amargura, 107
ambivalencia, 71, 73
amistades, ayuda de, 21, 188; buscar, 238–39; compartir el silencio, 37–38; conexión emocional con otro, 14, 164, 167, 182–83; consejos de ser valiente, 116–17; contar los problemas a los demás, 128–29; falta de experiencia con la muerte, 130–31, 134; hablar con otro doliente, 164; hablar sobre la muerte, 14; enterarse de nuevo de las personas, 206; intercambios sociales, 130–31; lástima de otros, 31; olvidar cómo ser acompañado, 124–25; personas que no entienden, 126, 135, 137
amor, 12, 96, 97, 101, 154, 162–63, 180–81, 207, 208, 223, 232, 238–39, 241
angustia, 104, 120
añoranza, 5, 16, 45, 162
ansiedad, 4, 16, 30, 61–62
apoyo, 113, 151, 228–29, 251; *Véase también* grupos de apoyo
aprender, 224–25
aprobación, 100
"ataques de tristeza," 211
autosuficiencia, 115

ayuda, aceptar, 115, 147; de amistades, 21, 188; profesional, 108, 120, 126
ayudar, a otros, 202–3, 219, 234–35

belleza del mundo, 197

calma, 119
cambio, 47, 90, 204, 213, 224–25, 226, 227
caminar, 174–75
caminos, elegir, 226, 246–47
cansancio, 29
caos, 4, 5, 6, 82–83, 132, 134
cariño, 35, 38
castigo, 66, 196
cementerio, visitar, 250
ceremonia de homenaje, 155
claridad mental, 3
colegas, 20, 21, 31
cólera, 43, 64–66, 71, 107, 170
comentarios insensibles, 33–34
competir, 168–69
comunicación, 14, 32–34, 37, 48, 92, 113, 130–31; *Véase también* hablar
conexión emocional con otro, 14, 164, 167, 234–35
confianza, 30, 49, 51, 79, 101, 124–25, 126, 136, 172
confiar en otros, 206
confusión, 16, 176–77
consejos, 116–17
consuelo, 15, 33
contacto físico, 35, 38
contar su historia, 56
control, 109
corazón, 3, 19, 41, 78, 91, 231, 250, 251
costumbres del pasado, 76–77
crecimiento, 17, 90, 118–19, 226, 227
criticar, 70, 72
cuerpo, 26, 29, 114, 174
cuestionamiento obsesivo, 159
cuestionar, 94–95
culpa, 39, 68–72, 92, 140–41, 202–3, 245
curación. *Vea* sanarse

deberes, 178–79
debilidad, 145
decir adiós, 156
decisiones, 47
"demasiado tarde," 110–11, 152
dependencia, 115
depresión, 108
desacuerdo, 171
descansar, 24
descubrimiento, 194
desesperanza, 16, 98–99, 108, 113, 172, 204, 218
desolación, 107
desorientación, 16, 82
detalles íntimos, 32
diario, 58, 59, 156
Dios, 105, 106
dolor emocional, 96, 102, 103, 120
duda, 158, 160

ejercicio, 24, 25, 174–75
ejercicio de respiración, 82
elegir opciones, 226, 246–47
emociones, 3, 19, 29, 41, 50, 65, 86; conectar con, 84–85; desagradables, 57; enfrentar, 7; ocultar a, 48, 113, 114, 132, 186–87; oleadas de, 102; profundidad de, 148, 186; recaídas del dolor profundo, 242–43; reprimir, 26, 142; soltar a, 143
encontrar su camino, 189
energía personal, 109, 110
enfadarse, 43, 64–66, 71, 107, 170

enfrentar los emociones, 7
enojo, 43, 64–66, 71, 107, 170
entusiasmo, 223
envejecer, 109, 110
envidia, 138–39
esconderse, 28
escribir, acerca del miedo, 79; acerca del ser amado, 217; decir adiós, 156; diario, 58–60; exploración personal, 233; imágenes que decepcionan, 42; a otro doliente, 164; repasar las mismas cosas, 120, 201
escudriñar la vida, 18
esperanza, 50, 63, 86, 112, 182–83, 205
estar en público, 113, 114
estar solo. *Vea* aislamiento
estrés, 82, 114, 174
exploración personal, 233

falta de sueño, 24
fantasías, 141
fe, 46, 50, 105, 106, 121, 158–59, 161, 204
felicidad, 205, 215, 222, 238, 242–43, 245, 248
fingir sobre los sentimientos, 48, 113, 114, 149
fortaleza, 30, 49, 51, 79, 103, 112, 136, 146–47, 153, 173, 197, 225, 226
fragmentación, 82, 145

gozar, 245
grupos de apoyo, 35–36, 48, 52, 55, 58, 62, 65, 97, 126, 156

hábitos del pasado, 76–77
hablar, compartir el silencio, 37–38; con otro doliente, 164; contar los problemas a los demás, 128–29; decir adiós, 156; decir "nosotros" en vez de "yo," 211; del ser amado, 149; depresión, 108; estar en público, 114; grupos de apoyo, 35–36, 48, 52, 55, 58, 62, 65, 97, 126, 156; imágenes que decepcionan, 42; intercambios sociales, 130–31, 182–83; palabras adecuadas, 190–91; personas que no entienden, 126, 135, 137; poner fin a conversaciones que ofrecen consejo no adecuado, 137; preguntas de otros, 32; remordimientos, 195; repasar las mismas cosas, 120, 201; sentimientos negativos, 92; sobre la muerte, 114, 165; sobre la persona muerta, 155
hacer algo por otro, 202–3, 219, 234–35
hacer decisiones, 47
historias, 56, 104
homenaje, a la memoria del ser amado, 155, 217
horror, 120

imágenes, 42
inactividad, 6
incredulidad, 10–11
indiferencia, 186
independencia, 115, 207
infelicidad, 107
insomnia, 24
intelecto, 3, 41
inventario emocional, 81, 233
inventario del pasado, 222
invitaciones, 122–25
ira, 43, 64–66, 71, 107, 170

lamentos, 68–70
lástima, 31
limitaciones autodestructivas, 111
llorar, 36, 142, 143, 154, 211–12

memorias, 45, 56, 67–73, 216, 220, 222, 249
mente, 3, 41
miedo, 4, 16, 30, 49, 60, 61–62, 79, 150, 184–85, 213, 216
mirada retrospectiva, 68–76, 194, 195–96, 220
mortalidad, 89, 214
mortificación, 121
muerte, filosofía de, 88–89, 93, 214, 231, 249
música, 228–29

naturaleza, 174
negar la realidad, 7, 8
noches, 23, 24, 213, 241
normalidad, 87
nostalgia, 23, 220

ocultar los sentimientos, 48, 113, 114
ofender, 40
ofrecer consuelo, 15
olas de emoción, 102
opciones, 226, 246–47
organización mental y material, 192–94

paciencia, 5, 136, 151, 225
parientes, hablar sobre la muerte, 165; lástima de, 31; visitas de, 20, 21
pasado, 217, 218
pedir ayuda, 115
pena, 3, 12, 19, 31, 41, 48, 78, 86, 90, 104, 108, 122, 140, 144, 145, 189, 224–25, 230, 232
pensamientos, exploración personal, 233; que dominan, 120; repasar las mismas cosas, 120, 201
perdonar, 75
permitirse sentir, 4, 205
perseverancia, 225
personas que no entienden, 126
perspectiva de la vida, 197
placer, 228–29, 234–35, 245
preguntas, 94–95, 101, 158–59, 176; de otros, 32; filosóficas, 230
presencia del ser amado, 231, 250, 251
prioridad, 178–79
privacidad, 32
protegerse, 236–37
psicólogo, 108, 120, 126

quedarse solo(a). *Vea* aislamiento; soledad

reajustación, 87
realidad, 22, 42
recaídas del dolor profundo, 242–43
rechazar la realidad, 7, 8
reconocer los sentimientos, 84–85
recriminaciones, 92
recuerdos, 45, 56, 67–73, 74, 104, 155, 180–81, 216, 249
recursos, 224–25
reencarnación, 160–61
religión, 105, 106, 158–61
remordimiento, 40, 151, 191, 195
resentimiento, 91
resolución, 93, 208
respiración, ejercicio de, 82–83
responsabilidad, 39
responsabilidades, 178–79, 192–94, 199–200
retirarse de la vida, 122–25
retrospección, 68–76, 194, 195–96, 220
reuniones, evadir, 122–23
riesgo, 236–37
ritmo de la vida, 78, 151, 189
ritmo normal del día, 104, 146–47

sabiduría, 224–25, 236
salir de la casa, 28, 113, 114, 122–25, 206

salud, 48, 132
sanarse, 4, 29, 35, 91, 109, 121, 152, 165, 176–77, 198, 207, 208
seguridad en sí, 157
seleccionar opciones, 226
sensación de disfiguramiento, 121
sentido de irrealidad, 22, 42
sentido que es "demasiado tarde," 110–11, 152
sentido vacío, 100
sentimientos, de culpa, 39, 68–72, 202–3, 245; negativos, 92; ocultar a, 48, 113, 114, 132, 186–87; profundidad de, 148, 180–81, 186; realísticas, 180–81
sentir cólera, 43, 64–66, 71, 107, 170
sentir culpa, 39, 68–72, 92, 140–41, 202–3, 245
sentir emociones, 26, 57, 91
sentir paz, 250
sentirse mejor, 205
sentirse viejo(a), 109, 110
sentirse atormentado, 57, 148, 158–59
sentirse capaz, 244
sentirse fragmentado, 82–83, 145
ser físico, 26, 29
servicio fúnebre, 155
silencio, compartir, 37–38; evitar conversación o ruido, 118–19; evitar discusión de Dios, 106; no hablar de la muerte, 149, 165; pensamientos negativos, 120; respetar, 166–67, 187
soledad, 23, 113, 114, 118–20, 122–25, 126, 213
sueño, 24
sueños, reconstruir, 240; repasar las mismas cosas, 201

tareas, 178–79, 192–94, 199–200
tener control, 109
tiempo, 91
tomar decisiones, 47
tomar riesgos, 236–37
trabajo, 80–81
tranquilidad, 204
tristeza, 104, 108, 113, 211–12
turbulencia, 4

valor, 103, 110–12, 116–17, 145, 146–47, 150, 157, 173
vecinos, 20, 21, 31
vergüenza, 121
vida después de la muerte, 160–61, 197, 206–8, 223, 228–29, 236–37, 240, 241, 244–49
vida perfecta, 180–81
vida social. *Vea* salir de la casa
visitar el cementerio, 250
vulnerabilidad, 15, 27, 124, 236–37

zafarse, 218

Printed in Dunstable, United Kingdom

87842850R00157